Géopolitique
de l'intelligence artificielle

Éditions Eyrolles
61, bd Saint-Germain
75240 Paris Cedex 05
www.editions-eyrolles.com

Maquette et mise en pages : Florian Hue

© Éditions Eyrolles, 2021
ISBN : 978-2-416-00055-3

Pascal Boniface

Géopolitique de l'intelligence artificielle

Comment la révolution numérique va bouleverser nos sociétés

Éditions **EYROLLES**

*« Le pays qui sera leader dans le domaine
de l'intelligence artificielle
dominera le monde. »*
Vladimir Poutine, septembre 2017

*« Nous avons possédé Internet.
Nos entreprises l'ont créé,
l'ont élargi et perfectionné. »*
Barack Obama, février 2015

*« Si notre parti ne parvient pas à faire
face aux défis représentés par Internet,
il ne saura relever le défi de rester
au pouvoir à long terme. »*
Xi Jinping, décembre 2017

Sommaire

Introduction

J'ai été sensibilisé il y a quelques années à l'impact multidimensionnel de l'intelligence artificielle (IA) pour ce qui est de la course à la puissance à laquelle les nations continuent de se livrer. Après le nucléaire, puis l'espace, l'IA semble être devenue le nouvel horizon stratégique. Une puissance digne de ce nom doit se doter d'une politique en la matière, sauf à se préparer à déchoir.

L'IA devient un élément central de l'affrontement sino-américain, Vladimir Poutine affirme haut et clair que la Russie n'entend pas être exclue de cette révolution numérique, l'Europe et la France constatent leur retard et s'en inquiètent. Israël a d'indéniables atouts, les Émirats arabes unis et le Qatar entendent y consacrer les moyens dont ils disposent, le Japon, la Corée du Sud et Singapour s'y investissent. 52 pays se sont engagés dans la course, dont 24 ont publié des stratégies nationales établissant des plans de financement, de recherche ou de partenariats afin de gagner des parts de marché[1].

Mais l'impact va au-delà des seules rivalités de puissance. L'IA peut révolutionner notre mode de vie. En bien ou en mal, selon ce que nous déciderons. Or, pour le moment, nous ne décidons pas, nous sommes les spectateurs d'un processus phénoménal qui suit son chemin de lui-même. Les avancées technologiques ne sont pas encadrées, ou insuffisamment, par des réflexions politiques ou sociétales. Stephen Hawking déclarait même en décembre 2014 sur la BBC que « l'intelligence artificielle pourrait conduire à l'extinction de la race humaine[2] ».

Les GAFAM[3] sont les nouvelles stars de l'actualité internationale. Ces entreprises du digital qui ont, pour certaines, à peine vingt ans d'existence, sont devenues des géants économiques et ont investi notre vie quotidienne. Des entreprises qui n'existaient pas il y a une génération sont aujourd'hui des acteurs surpuissants des relations internationales, capables de concurrencer et de mettre en difficulté les États. Ces derniers sont sur la défensive, et certains milliardaires du digital ne cachent pas leur désir de les rendre obsolètes.

Conscient de l'importance de ces enjeux, je m'y suis intéressé de plus près. Mais je n'ai pas de formation scientifique, j'ai fait un bac littéraire pour fuir les maths et mon indifférence, au lycée, envers les matières scientifiques était attestée par des résultats médiocres. J'ai suivi par la suite des études de droit et de sciences politiques qui n'ont en rien comblé ces lacunes.

J'étais donc coincé avec l'intuition forte que quelque chose de majeur se produisait dans un domaine très éloigné de ma zone de confort. Je me suis décidé à franchir le pas et à écrire ce livre sur la suggestion de mon éditrice Agnès Fontaine.

Il n'était pas question que je fasse un livre scientifique, mais que j'apporte une réflexion géopolitique sur un sujet scientifique.

Je me suis néanmoins heurté à de nombreuses difficultés, et à plusieurs moments de blocage. J'ai trouvé une première parade en abandonnant le sujet pour écrire *Requiem pour le monde occidental*[4]. Je me suis ensuite remis à la tâche, mais la crise du Covid-19 m'a de nouveau détourné de mon sujet et j'ai publié *Géopolitique du Covid-19*[5]. Ma femme et mes fils me poussaient à me remettre à cet ouvrage. Je me suis donc remis à l'écriture de *Géopolitique de l'intelligence artificielle*, avec la documentation amassée au fur et à mesure mais sans certitude de passer l'obstacle. Je n'y serais manifestement pas arrivé sans le soutien de Victor Pelpel. Il a été bien plus qu'un assistant de recherche pour ce livre, qui n'aurait pas vu le jour sans sa concorde. Ses conseils, ses remarques, ses recadrages, son œil aiguisé m'ont permis de venir à bout de la rédaction. Qu'il en soit remercié. Les erreurs qui y sont éventuellement contenues sont bien sûr de ma seule responsabilité.

Au terme de ce travail, je suis convaincu que notre prise de conscience du phénomène IA est sans commune mesure avec son importance. Pour paraphraser Jacques Chirac qui, parlant du réchauffement climatique, déclarait en 2002 au Sommet de la Terre de Johannesburg : « Notre maison brûle et nous regardons ailleurs », je pourrais écrire à propos de l'IA que nous allons connaître une révolution sociétale et géopolitique majeure, et que nous ne nous en préoccupons pas. Puisse ce livre contribuer au débat.

Chapitre 1

*Intelligence artificielle,
histoire et définition*

L'IA, une histoire récente

Turing et les prémisses de l'intelligence artificielle

L'intelligence artificielle trouve son origine dans le développement des premiers ordinateurs, exponentiel au cours de la Seconde Guerre mondiale, qui opposait les démocraties au nazisme, puis relayé par la rivalité soviéto-américaine au cours de la Guerre froide.

« En 1941, l'*Oxford English Dictionary* évoqua la multiplication des données sous l'expression *information explosion*. C'était une première. L'information était si précieuse que personne n'avait songé au fait qu'il pourrait y en avoir trop[6]. »

Alan Turing, scientifique britannique, a joué un rôle essentiel pour casser les codes de la machine allemande Enigma, qui fournissait le langage codé de l'état-major allemand pendant la Seconde Guerre mondiale[7].

En 1951, il publie « Computing Machinery and Intelligence », considéré comme le premier article évoquant l'intelligence artificielle. Le « Test de Turing », ou *Imitation Game*, qui y est décrit, a pour objectif de démontrer la capacité cognitive d'une machine. Selon Jean-Paul Delahaye, enseignant chercheur en informatique et mathématiques à l'Université de Lille : « Le jeu de l'imitation consiste à mettre au point une machine impossible à distinguer d'un être humain. Précisément, Turing suggérait qu'un juge J échange des messages dactylographiés avec, d'une part, un être humain H et, d'autre part, une machine M, ces messages pouvant porter sur toutes sortes de sujets. Le juge J ne sait pas lequel de ses deux interlocuteurs (qu'il connaît sous les noms A et B) est la machine M et lequel est l'humain H. Après une série d'échanges, le juge J doit deviner qui est la machine et qui est l'être humain[8]. » Pour Turing, si le « juge » est incapable de distinguer l'homme de la machine, c'est que la machine est dotée d'intelligence. On distingue bien là les prémisses de l'intelligence artificielle.

Toujours en 1951, le Britannique Christopher Strachey élabore le premier programme informatique capable de jouer aux dames de façon autonome en s'appuyant sur les travaux de Turing. Son prototype d'ordinateur est produit par le National Physical Laboratory britannique.

La conférence de Dartmouth :
un tournant pour l'IA

En 1956, une conférence réunit à Dartmouth (États-Unis) une vingtaine de chercheurs en cybernétique (systèmes des sciences complexes). Parmi eux, John McCarthy, qui travaillait déjà à la meilleure manière de doter les ordinateurs de comportements intelligents, et Marvin Minsky, qui avait conçu une machine neuronale imitant le cerveau d'un rat. Le terme d'« intelligence artificielle » apparaît pour la première fois lors de cette conférence, et les chercheurs participant au colloque s'accordent pour en faire un secteur de recherche spécifique. C'est lors de ce colloque que sera présenté le programme informatique Logic Theorist, démontrant qu'une machine était capable de résoudre un problème non chiffré en développant un raisonnement humain. En 1959, le programme General Problem Solver (GPS) peut résoudre certains problèmes génériques, démontrer des théorèmes et jouer aux échecs.

La conférence de Dartmouth va déboucher sur un premier « âge d'or » de l'IA. Aux États-Unis, les stimuli restent géopolitiques. Il s'agit de devancer technologiquement l'URSS. En 1957, c'est le « moment Spoutnik ». Les Américains découvrent, éberlués et angoissés, que l'URSS, qu'ils estimaient arriérée ou du moins en retard d'un point de vue technologique, est capable de lancer un engin spatial en orbite et de disposer de missiles porteurs de têtes nucléaires de portée intercontinentale. Elle peut donc atteindre le territoire américain, historiquement sanctuarisé avec pour seuls voisins les Canadiens et les Mexicains, ou les poissons, tous incapables de constituer une menace militaire.

L'argent du Pentagone coule alors à flots pour développer des programmes militaires, mais ces derniers ont évidemment des retombées civiles. La qualité des recherches scientifiques américaines aux budgets sans restriction conduit à des progrès colossaux dans les domaines de l'algorithmique, de la robotique, de la théorie des jeux... La théorie des jeux est un domaine scientifique à part.

La technologie décentralisée et individualiste est le fruit de la Guerre froide, de l'argent du Pentagone et de la DARPA. Si vous estimez que la survie de votre État, de votre mode de vie, est en jeu, menacée par une URSS totalitaire, vous vous moquez des calculs de rentabilité. Internet et l'informatique se développent grâce à la peur panique de la menace soviétique.

La DARPA

La DARPA (Defense Advanced Research Projects Agency) est créée en 1958 au sein du département américain de la Défense. Elle doit financer et stimuler la recherche et développement dans le domaine des technologies militaires. Après le lancement de Spoutnik, les Américains comprennent, choqués, que leur avance technologique sur les Soviétiques n'est pas aussi grande qu'ils le pensaient.

Les innovations militaires développées par la DARPA trouvent très souvent des applications civiles, à l'image de l'ARPANET qui donnera naissance à Internet. Cette innovation permet de continuer à communiquer de façon décentralisée sans passer par un central en cas d'attaque nucléaire.

La DARPA s'intéresse au domaine spatial, aux missiles, mais aussi à l'IA, et va financer les projets de Marvin Minsky. Plus récemment, elle s'intéresse à la cybersécurité.

En 2018, le Pentagone débloque une enveloppe de 2 milliards de dollars sur cinq ans pour travailler, avec la DARPA, sur l'intelligence artificielle.

Selon Jean-Louis Gergorin, « les succès remarquables de la DARPA[9] sont dus à une structure totalement non bureaucratique. Le directeur et les responsables de programmes sont tous des contractuels recrutés au maximum cinq ans pour leur excellence scientifique ou technique dans l'industrie ou la recherche universitaire. Un cas typique est celui de Dan Kaufman, un informaticien brillant qui a créé en 2005 le DARPA Innovation Information Office qui est à l'origine entre autres de développements importants en IA dont la carrière précédente avait été dans les effets spéciaux, entre autres ceux de *Jurassic Park*, et dans les jeux vidéo. Un tel recrutement serait inimaginable dans une administration française où, trop souvent, en matière d'innovation disruptive, les compétents sont impuissants et les puissants incompétents[10]. »

Les scientifiques Newel et Simson prédisent alors qu'une machine championne du monde d'échecs sera développée avant 1970. Mais l'ambition et l'optimisme des chercheurs ne mènent pas aux résultats escomptés. Les espoirs retombent, et avec eux l'investissement dans la recherche en intelligence artificielle. C'est le premier hiver de l'IA.

Révolution technologique et IA moderne

Dans les années 1980, l'ordinateur personnel se diffuse de plus en plus largement dans les foyers. Bill Gates ou encore Steve Jobs comprennent qu'il y a là un formidable champ d'expansion si on ne laisse pas l'informatique être l'apanage des professionnels et des spécialistes. L'arrivée d'Internet va donner aux ordinateurs personnels une utilité appréciable et bientôt les rendre indispensables. En 1996, le nombre d'utilisateurs et de sites accessibles était extrêmement limité : 16 millions de personnes et 100 000 sites Web, soit 0,3 % de la population mondiale, contre 60 % aujourd'hui[11].

La révolution technologique des années 1990, notamment dans le domaine informatique, va permettre un renouveau dans la recherche en intelligence artificielle, et ainsi la réalisation des vieux rêves des chercheurs de ce domaine.

En 1997, le superordinateur d'IBM Deep Blue bat Garry Kasparov, champion du monde d'échecs. Newel et Simon ne s'étaient pas trompés sur le résultat, seulement sur la date.

Le développement du connexionnisme et des systèmes réseaux neuronaux artificiels ainsi que l'amélioration phénoménale des capacités de calcul des ordinateurs permettent de développer le *deep learning*, ou « apprentissage profond », à différencier du *machine learning*, « apprentissage machine » et de faire de l'IA un domaine de compétence et de recherche à part entière.

La décennie 2000, avec l'équipement massif de la population mondiale en matériel informatique, voit se développer les premières applications de l'IA, sur lesquelles nous reviendrons, et avec elles les premiers fantasmes, notamment nourris par les films de science-fiction. Mais c'est également le temps de la réflexion éthique sur la place de tels outils dans nos sociétés, débat qui se poursuit aujourd'hui.

C'est à partir de la décennie 2010 que l'IA devient un domaine massif d'investissement pour les grandes entreprises du numérique. Entre 2012 et 2015, Google investit ainsi dans plusieurs milliers de projets expérimentaux en IA. En 2013, Facebook créer le programme *Facebook Artificial Intelligence Research* composé de plusieurs laboratoires aux États-Unis, en France et au Canada, et dirigé jusqu'en 2018 par l'un des spécialistes français de l'intelligence artificielle, Yann Le Cun. L'intelligence artificielle n'est alors plus un simple domaine de recherche, mais intègre le débat public.

Une définition complexe

Yann Le Cun, chercheur en intelligence artificielle au Collège de France[12], titulaire du prix Turing 2019 et ancien directeur du programme en intelligence artificielle de Facebook, estime que trois évènements ont brusquement modifié la donne vers 2011-2012 :

1. Des *graphical processing units*, capables de plus de mille milliards d'opérations par seconde, sont devenus disponibles pour moins de 1 000 euros la carte.

2. Des expériences menées par Google, Microsoft et IBM ont montré que les réseaux profonds pouvaient réduire de moitié les taux d'erreur des systèmes de reconnaissance vocale.

3. Plusieurs records en reconnaissance d'image ont été battus par des réseaux convolutifs[13].

L'industrie d'Internet s'engouffra dans cette brèche. Le *deep learning* allait permettre un progrès significatif en IA.

Il n'existe cependant pas de définition précise et unanimement acceptée de l'intelligence artificielle. En voici les principales définitions identifiées.

Deep learning et *machine learning*

Yann Le Cun définit l'intelligence artificielle comme suit : « Un ensemble de techniques permettant à des machines d'accomplir des tâches et de résoudre des problèmes normalement réservés aux humains et à certains animaux. » Cette définition générale est aisément compréhensible, mais difficilement transposable à ce qui constitue, matériellement, l'intelligence artificielle aujourd'hui[14].

Considéré comme l'inventeur de « l'apprentissage profond » ou *deep learning*, il le distingue de l'apprentissage machine de la manière suivante. Le *machine learning* est le processus technique à travers lequel on peut dépasser les limites de l'algorithme écrit « à la main », étant donné qu'il est « impossible d'écrire un programme qui fonctionnera de manière robuste dans toutes les situations ». Il s'agit d'un système que Le Cun qualifie d'« entraînable », qui s'autonourrit par un apprentissage supervisé, comme la reconnaissance d'images. Concrètement, on montre une image d'un objet à la machine, et à mesure qu'on lui montre diverses images de ce même objet, la machine finit par développer la capacité de reconnaître cet objet sur n'importe quelle image, même celles qu'elle ne connaît pas encore. Le *machine learning* est déjà utilisé depuis plusieurs années par les grandes entreprises du numérique, notamment dans la modération de leurs plateformes. Mais le *machine learning* continue de nécessiter une intervention humaine, le système devant être systématiquement modifié pour tout nouvel usage (en cas de changement d'image, par exemple). C'est là qu'intervient un processus plus complexe, le *deep learning*, qui permet de résoudre des problèmes sur lesquels les chercheurs bloquaient auparavant. Des méthodes apparaissent à la fin des années 1980 pour réellement se développer depuis quelques années. Le *deep learning* correspond à une automatisation de chaque processus d'analyse de la machine, lui permettant un apprentissage automatisé à chaque étape. La machine peut alors améliorer progressivement sa maîtrise et sa connaissance du problème posé, mais également s'adapter à des problèmes différents. Qu'il s'agisse du *deep* ou du *machine learning*, plus la machine dispose de données, plus elle affine son expertise. Dans le *deep learning*, l'intervention humaine n'est plus nécessaire à chaque étape et la machine gagne, au fur et à mesure, en indépendance. C'est ce qui peut provoquer le vertige d'une vision d'un monde contrôlé par les machines, où l'humain deviendrait objet. Le processus est automatisé, la machine perfectionne d'elle-même son programme, l'homme se contentant de fournir les données.

Des définitions diverses

Le *Shérif 2020* envisage ainsi le concept d'intelligence artificielle : « L'intelligence artificielle n'est pas un objet précis comme la machine à vapeur, pas davantage une forme spécifique d'énergie comme l'électricité, ni non plus une discipline clairement identifiée comme l'informatique (...) L'étiquette ne recouvre pas une réalité fixe, mais plutôt un concept évolutif : tout ce qui peut aider l'intelligence naturelle[15]. »

Pour Julien Nocetti, chercheur à l'IFRI[16] spécialisé dans la gouvernance du web : « L'IA consiste avant tout en des applications concrètes – reconnaissance faciale, traitement automatisé du langage, vision par ordinateur, voiture autonome, etc.[17] » Il s'agit donc de méthodes qui permettront aux ordinateurs de se comporter intelligemment.

Cédric Villani, mathématicien qui a obtenu une médaille Fields en 2010 (équivalent du prix Nobel en mathématiques) et député en charge de la rédaction d'un rapport sur l'intelligence artificielle rendu au président de la République en mars 2018[18], estime quant à lui qu'il est illusoire de chercher une définition claire et que l'IA recouvre « toute technique qui permet à un ordinateur ou à un processus de mécaniser, de réaliser des tâches subtiles, dépendantes d'un grand nombre de paramètres personnalisés, capables de prédictions et dont le programmateur ne connaît pas la réponse a priori[19] ».

Dans un entretien accordé à *Wired*, Barack Obama distinguait deux types d'intelligence artificielle. La première serait généraliste et chargée de prendre l'ensemble des décisions humaines, pouvant à la limite se décliner de façon aussi glaçante que dans le film *Matrix*. L'autre serait une intelligence artificielle spécialisée en mesure d'appliquer les algorithmes conçus par l'homme, pour accomplir en un temps de plus en plus court des tâches de plus en plus complexes[20].

Sur le plan militaire, l'IA peut être « un facteur décisif de supériorité opérationnelle[21] » en permettant des gains de vélocité, une meilleure détection des cibles, reconnaissance des terrains, conduite des opérations, réduction des erreurs humaines, etc. « Bien calibrée, elle procurera de nombreux atouts, par exemple dans l'évaluation de la menace et l'optimisation de son traitement pour y faire face[22]. »

Données et intelligence artificielle

Les données sont le « nerf de la guerre » de l'intelligence artificielle. Ce sont elles qui viennent « nourrir » les algorithmes. Le Big Data peut être considéré comme le processus global de collecte, stockage, analyse et utilisation des données. Une donnée est la traduction en chiffres, en codes binaires numériques, de phénomènes sociaux. En tant que telles, les données n'ont aucun intérêt. Traitées, analysées, croisées, elles acquièrent une grande valeur.

« Le monde physique est ainsi truffé de capteurs disséminés dans l'espace public et privé, les Smartphones, les objets connectés, mais aussi les équipements de la vie quotidienne (automobiles, téléviseurs, appareils ménagers), de l'industrie, des armées, voire directement insérés dans le corps humain (pacemakers). Les traces numériques laissées par les usagers permettent alors d'observer et d'analyser en temps réel leurs déplacements, leurs activités et leurs interactions, et d'en tirer des analyses prédictives sur leurs besoins et leurs comportements à des fins commerciales, stratégiques, malveillantes ou d'intérêt public[23]. »

Les données sont les unités de base de la société de l'information, les briques à partir desquelles tout se construit. Elles constituent donc un facteur de puissance pour tous ceux qui les maîtrisent, qu'il s'agisse d'États ou d'entreprises. Formidables sources d'information, elles s'appliquent aussi bien à la médecine qu'à l'agriculture, à la cartographie, à la surveillance d'individus ou de groupes, au marketing, à la sécurité, aux transports, etc. Elles permettent d'acquérir une connaissance fine des marchés, et donc un avantage matériel énorme. « En réduisant les effets de l'aléatoire, la donnée produit de la connaissance et de la richesse[24]. »

Les données sont stockées dans des *data center*, ou centres de données. Un *data center* est composé d'un réseau d'ordinateurs surpuissants et d'espaces de stockage des serveurs. Des commutateurs de réseaux, de routeurs et des câbles permettent d'utiliser et de traiter les données.

Le *cloud*, ou nuage, est un ensemble de stockage en ligne des données accessibles à distance sur Internet via des serveurs. Les données sont enregistrées non plus sur le disque dur d'un ordinateur, mais à distance.

Les données personnelles, ou celles générées par des systèmes que nous utilisons sans réellement avoir conscience de nourrir ainsi la création de données, sont essentielles pour l'économie. Elles en sont comme les matières premières, à la différence qu'elles ne sont pas initialement localisées de façon déterminée sur le plan géographique (comme le pétrole ou le charbon), mais ne le sont qu'une fois « récoltées ». Les données générées un peu partout ont toutes les chances d'être finalement concentrées par les GAFAM.

Il y a aujourd'hui un consensus pour estimer que l'IA sera la base de la puissance de demain. Les déclarations croisées de Poutine, Xi Jinping et Obama citées en exergue de ce livre le démontrent. Pour Sundar Pichai, P.-D.G. de Google : « L'intelligence artificielle aura un impact plus important que l'électricité ou le feu. »

La rivalité entre Pékin et Washington sera LE sujet géopolitique majeur des années à venir[25]. Et pourtant, selon Kai-Fu Lee[26], « le combat de ces deux superpuissances pour la suprématie numérique paraît presque insignifiant au regard des deux crises que l'IA va déclencher. Celle des emplois qui vont disparaître et celle des inégalités qui vont se creuser, aussi bien au niveau national qu'international[27] ». Il va jusqu'à écrire : « Cette crise de l'emploi et des inégalités pourrait détruire notre civilisation mieux que ne le ferait n'importe quelle future super-intelligence[28]. »

Malgré cela, le moins que l'on puisse dire, c'est que cela ne suscite pas le débat public de grande ampleur qui devrait accompagner et encadrer une telle révolution.

Chapitre 2

*Corne d'abondance
ou machine à exclure ?*

Le progrès, source d'enthousiasme
et d'inquiétude

Le progrès technique a toujours suscité l'enthousiasme des uns, émerveillés des nouvelles perspectives offertes, et l'angoisse des autres, craignant d'en être les laissés-pour-compte.

Au XIXe siècle déjà, on a vu des ouvriers détruire les machines à tisser dont ils craignaient qu'elles les privent de leurs emplois. Dès 1810, en Angleterre, éclatait le mouvement des luddistes, considéré comme le premier soulèvement industriel. Des artisans tondeurs et tricoteurs s'opposèrent à leurs employeurs manufacturiers après l'apparition de métiers mécaniques, en détruisant ces machines. Parti de Nottingham, le mouvement se diffusa dans les autres régions industrielles du pays. En 1831, un mouvement similaire apparaissait à Lyon, la révolte des canuts. Dans un contexte économique morose et après la diminution de leurs revenus, ces artisans de la soie, contrairement aux ouvriers anglais, ne s'en prirent pas aux machines mais revendiquèrent une revalorisation de leurs conditions de travail, détériorées du fait des nouveaux métiers à tisser mécaniques. Après leur insurrection, au cours de laquelle ils prirent possession de la ville durant plusieurs jours, Louis Philippe fit reprendre la ville sans accorder aucun avantage aux canuts. Enfin, en Silésie (royaume de Prusse), le 4 juin 1844, 5 000 tisserands de Peterswaldau se révoltaient. Ils avaient été frappés par la famine, leurs conditions de travail s'étaient détériorées, le chômage augmentait et les salaires baissaient. Ils s'attaquèrent aux fabriques, détruisirent les machines, cause de leur malheur, et saccagèrent les demeures des riches propriétaires. Les troupes prussiennes rétablirent l'ordre au prix d'un bain de sang, et les machines restèrent en place puis se multiplièrent.

Chaque innovation technique permettant une plus grande productivité a accru les biens disponibles, mais a également très souvent contraint au chômage ou à une réduction de salaire une partie de ceux qui effectuaient auparavant les tâches soudain mécanisées.

L'angoisse suscitée par l'innovation technique a toujours existé. Peur d'entrer dans l'inconnu, peur, souvent vérifiée, de n'avoir plus sa place, d'être déclassé… La nouveauté, source d'incertitude, est souvent porteuse de mauvaises nouvelles à titre personnel.

L'IA, une menace?

En 1977, Alain Minc et Simon Nora, dans leur rapport sur l'informatisation de la société, réalisé à la demande du président Giscard d'Estaing et qui deviendra un énorme succès de librairie, évoquent la diminution du travail manuel suite aux gains de productivité et à l'automatisation d'un nombre croissant des tâches dans le secteur tertiaire. Jérémy Rifkin publie en 2008 *Le Lien du travail*[29] et prédit la destruction massive d'emplois dans le secteur tertiaire à cause de l'informatique.

On n'a encore jamais vu dans l'histoire de l'humanité un progrès technique ne pas survenir du fait d'un impératif social qui lui serait supérieur. La sagesse populaire, lucide et/ou résignée, veut qu'« on n'arrête pas le progrès ». Peut-être peut-on toutefois l'encadrer pour que ses conséquences ne soient pas catastrophiques. John Stuart Mill, l'auteur des *Principes d'économie politique*, écrivait en 1840 : « Il n'y a pas d'objectif plus légitime pour le législateur que de prendre soin de ceux dont la substance est perturbable par la technologie. » Comme le souligne le pourtant très libéral hebdomadaire *The Economist* : « Ce qui était vrai pour la machine à vapeur l'est encore plus pour l'IA[30]. » Encore faut-il que le législateur en ait la volonté. Et, comme nous le verrons au chapitre suivant, les moyens, au moment où les géants du digital concurrencent en puissance les États et leur pouvoir régalien.

Les équilibres sociaux risquent en effet à nouveau d'être bouleversés avec le développement de l'intelligence artificielle, mais peut-être à une échelle jamais connue jusqu'ici. Cette formidable avancée technologique menace fortement de se traduire par un désastre social et sociétal, surtout si on laisse les forces du marché agir « naturellement ».

Deux scénarios extrêmes

Pour les plus optimistes, l'intelligence artificielle pourrait produire un tel développement de l'activité, de la production et de la satisfaction des besoins que le vieux rêve de Karl Marx se réaliserait enfin. Le développement des forces productives permettrait de passer au communisme où s'appliquerait la règle « à chacun selon ses besoins », en grillant l'étape du socialisme régi par la formule « à chacun selon son travail ». Marx voyait dans les progrès techniques une avancée pour les humains : « On ne peut abolir l'esclavage sans la machine à vapeur et la mule-jenny, ni abolir le servage sans améliorer l'agriculture : plus généralement, on ne peut libérer les hommes tant qu'ils ne sont pas en état de se procurer complètement nourriture et boissons, logement et vêtements en qualité et en quantité parfaite[31]. » Pour lui, « dans la société communiste, où chacun n'a pas une sphère d'activité exclusive, mais peut se perfectionner dans la branche qui lui plaît, la société réglemente la production générale ce qui crée pour moi la possibilité de faire aujourd'hui telle chose, demain telle autre, de chasser le matin, de pêcher l'après-midi, de pratiquer l'élevage le soir, de faire de la critique après le repas, selon mon bon plaisir, sans jamais devenir chasseur, pêcheur ou critique[32] ».

L'IA serait une corne d'abondance qui assurerait un accès quasi illimité aux biens de consommation tout en libérant l'humanité des tâches les plus pénibles et rébarbatives. Mais une vague intuition me dit que l'objectif de Jeff Bezos, Elon Musk ou Marc Zuckerberg n'est pas de permettre l'aboutissement d'une telle société. Ils préfèrent pouvoir choisir eux-mêmes entre chasse, pêche ou critique tout en laissant d'autres trimer dur à leur bénéfice, pour des salaires souvent réduits.

Selon un scénario plus noir, le développement de l'IA pourrait déboucher sur une société encore plus inégalitaire que celle dans laquelle nous vivons actuellement. Dans ce monde, une poignée de nantis auraient accès à une vie quasi éternelle, une santé de fer, une consommation illimitée, y compris et surtout de produits parfaitement inutiles et dont la fonction principale serait de distinguer ceux qui y auraient accès de la masse informe des autres ayant à peine de quoi survivre, et encore, pas très longtemps et pas très bien, mais dont, du coup, il faudrait se protéger.

Devinez quoi ? On peut craindre que le second scénario ait plus de chances de se mettre « naturellement » en place que le premier. Pour le moment en tout cas, la soif de partage des milliardaires du digital avec le reste de l'humanité semble s'être assez vite étanchée. La fortune de Jeff Bezos s'est accrue de 24 milliards de dollars entre le 1er janvier et le 17 avril 2020[33], en pleine épidémie de Covid-19. Il n'a pas eu pour réflexe de partager équitablement cette somme avec ses employés ni d'en faire don à ceux qui se sont retrouvés sans ressources du fait de la crise.

Certes, nombre de milliardaires du digital ont créé des fondations, consacrent des sommes importantes (très souvent défiscalisées) à des causes humanitaires ou d'intérêt général. Cela reste toutefois soumis à leur bon vouloir et ne vient pas réduire leur fortune ni le fossé toujours plus grand qui les sépare du reste de la société. Cela reste de la charité qui, très souvent, n'est pas destinée à réduire les inégalités, la pauvreté ou les souffrances des plus démunis, mais uniquement à permettre aux plus fortunés de continuer à disposer, sans états d'âme et avec bonne conscience, de leurs richesses : ayant fait le nécessaire pour les plus démunis, ils estiment qu'on ne peut plus leur chercher noise.

Vers une crise mondiale ?

Cédric Villani le reconnaît, « le creusement des inégalités liées à l'IA est une tendance naturelle. (...) Un ministre asiatique très porté sur l'IA la qualifiait d'*automatic inequalizer*[34] ».

Dans son livre *Le monde qui vient*, Christophe Victor évoque « la peur du grand remplacement[35] ». Il n'est pas question ici des thèses d'extrême droite sur le remplacement des populations blanches au sein des pays occidentaux par des minorités issues de la diversité, mais bel et bien des emplois salariés qui seraient détruits et dont les tâches seraient effectuées par des machines. Certes, pour le moment, les pays qui emploient le plus de robots sont aussi ceux qui ont les taux de chômage les plus faibles, en témoignent les cas de la Corée du Sud, de l'Allemagne ou du Japon[36]. C'est rassurant, mais est-ce durable ?

Gaspard Koenig se veut également apaisant : « Le vent de panique qui souffle sur l'avenir du travail me semble en ce sens scientifiquement erroné, historiquement déjà vu, et moralement douteux (...) Chacun dans son secteur perçoit spontanément les subtilités de ses tâches quotidiennes, le besoin constant d'exercer un jugement auquel aucune IA ne pourra se substituer. En revanche, il est facile de l'ignorer chez les autres[37]. » Il estime que « ce travail de labellisation ne sera jamais terminé, il se poursuit et s'affine à mesure que la science avance. Pour remplacer les radiologues, il faut donc former... des radiologues[38] ».

Cependant, les études s'accumulent. En termes d'emplois, il va y avoir du sang sur les murs. Selon la société de conseil McKinsey, entre 400 et 800 millions de personnes pourraient être remplacées dans leur travail d'ici 2030 et devraient se reconvertir pour trouver un nouvel emploi[39]. PWC[40], optimiste, estime que l'intelligence artificielle et les technologies connexes devraient créer autant d'emplois qu'ils en supprimeront au Royaume-Uni au cours des vingt prochaines années, tout en prédisant selon les secteurs une diminution d'environ 20 % des emplois[41]. Pour Kai-Fu Lee, « l'intelligence artificielle sera en mesure de remplacer 40 à 50 % des emplois aux États-Unis d'ici quinze ans[42] ». Les estimations peuvent varier par l'ampleur des suppressions d'emplois envisagés, mais elles vont toutes dans le même sens : il y en aura énormément. Et pour le moment, on ne voit pas réellement d'études sur les dispositions et dispositifs à mettre en place pour limiter les dégâts humains et sociétaux. L'analyse à moyen-long terme est toujours compliquée, mais si la révolution de l'IA survient rapidement, c'est une crise mondiale à laquelle on assistera.

Yuval Harari écrit dans *Sapiens* que le passage de la culture fourragère à la révolution agricole s'était accompagné d'une augmentation des inégalités, voire de leur création : « Partout surgirent des souverains et des élites qui se nourrirent du surplus des paysans et leur laissèrent juste de quoi subsister. Ces surplus de nourriture confisqués alimentèrent la vie politique, la guerre, l'art et la philosophie, permettant de bâtir palais, forts, monuments et temples[43]. »

L'IA va peut-être permettre à Elon Musk d'aller sur Mars, à ces milliardaires de vivre dans de véritables palais, d'avoir un train de vie royal et même plus enviable que celui des souverains d'antan (le jet privé est plus confortable que le carrosse). Permettra-t-elle de nourrir tout le monde, de fournir éducation et système de santé à chacun ? Moins sûr ! Le développement de l'IA risque fort au contraire de donner un coup d'accélérateur au développement des inégalités en créant une masse de gens sans emploi qui deviendront un fardeau pour les dirigeants de leurs pays.

Bismarck est devenu célèbre non seulement pour avoir été un bâtisseur de l'empire allemand, mais aussi pour avoir instauré un régime de retraite pour les ouvriers allemands. L'ambition stratégique et les préoccupations sociales n'étaient pas contradictoires, mais complémentaires. La générosité bismarckienne n'était pas tout à fait désintéressée : il fallait couper l'herbe sous le pied aux mouvements syndicaux et à la sociale-démocratie. Par ailleurs, en instaurant en 1891 une retraite à soixante-cinq ans alors que l'espérance de vie était à l'époque de quarante-sept ans, le risque de gaspillage était limité. Il fallait s'assurer de disposer de ressources pour l'industrie et l'armée.

Comme le souligne Yuval Harari : « Des pays industrialisés, l'Allemagne, la France et le Japon, ont mis en place de vastes systèmes d'éducation, de santé et de protection sociale, mais ceci avait pour vocation de renforcer la nation plutôt que d'assurer le bien-être individuel. L'objectif n'était pas de rendre les gens heureux, mais la nation plus forte[44]. »

Des pauvres inutiles

Mais aujourd'hui ? Les perspectives pourraient avoir été inversées. Toujours selon Harari : « La richesse et le pouvoir pourraient bien se concentrer entre les mains de la minuscule élite qui possède les algorithmes tout-puissants, ce qui crée des inégalités sociales et politiques sans précédent[45]. » Le penseur israélien estime qu'aujourd'hui, les chauffeurs de taxi ou de bus par exemple peuvent se syndiquer, défendre leurs intérêts, peser sur les élections. Lorsqu'ils seront remplacés par un algorithme, c'en sera terminé de leur pouvoir de négociation.

Les pauvres vont-ils devenir inutiles ? Plus besoin de lever une armée en masse pour se défendre, la force d'une armée ne se mesurant plus depuis longtemps au nombre de poitrines que l'on met derrière les baïonnettes. C'est désormais l'innovation technologique qui fait la différence, et l'intelligence artificielle devrait encore plus accentuer cette tendance. Plus besoin de millions de bras pour récolter, produire, fabriquer, livrer : l'intelligence artificielle a donné naissance à des robots qui feront tout cela de façon plus sécurisée, plus rapide, plus efficace et moins coûteuse. Alors que faire des masses inutiles ? Les riches laisseront-ils une partie de leur richesse – dont ils se persuadent assez facilement qu'elle a été acquise légitimement par la vertu de leur talent et de leur créativité ? Sont-ils prêts à partager ? Au vu de leur gloutonnerie sans fin, de leur volonté sans cesse renforcée d'échapper à l'impôt, de faire grimper leur fortune à des montants insensés et même indécents, qui perdent leur signification, on peut sacrément en douter. Peut-être certains accepteront-ils, par le biais des fondations qu'ils auront créées et qui permettent de défiscaliser une partie de leurs revenus, de faire des œuvres de charité, de financer des soupes populaires, des hospices, etc. Cela ne changerait pas le caractère profondément inégal de la société dans laquelle nous vivrions, et le déficit en termes d'estime de soi et de dignité.

Peut-on se satisfaire d'une société dans laquelle une poignée de personnes à la tête de fortunes colossales, bâties sur l'innovation, l'évasion fiscale et la non-concurrence, se contentent de laisser quelques miettes aux miséreux, apparaissant ainsi comme des bienfaiteurs, et bénéficient du double avantage de la captation de la richesse et de l'aura de la générosité ?

Des métiers menacés

Des inégalités croissantes

Les métiers menacés par l'IA peuvent aussi bien être hautement que faiblement qualifiés. Les voitures autonomes pourraient réduire le nombre d'accidents, mais elles vont aussi priver d'emploi les chauffeurs de taxi, les VTC, etc. Le système peut-il s'étendre aux camions? Cela ferait beaucoup de monde sans emploi. Traducteurs et interprètes sont menacés par la traduction automatique dont la qualité progresse chaque jour. N'est-il pas risqué aujourd'hui pour un étudiant d'envisager ce type de formation, qui conduit pourtant à des métiers très qualifiés? Et dans de nombreux autres secteurs, comment savoir si la filière choisie ne conduit pas à terme à un métier que la technologie rendra obsolète ou inutile?

Bien sûr, on ne peut pas se rassurer en se disant qu'on est entré dans une société dans laquelle on n'habite pas toute sa vie dans sa ville ou son village de naissance, dans laquelle on ne partira pas à la retraite de l'entreprise où l'on a commencé sa carrière, et dans laquelle on ne fera pas le même métier toute sa vie. On est au contraire dans une société marquée par la mobilité géographique et professionnelle. On peut se former à tout âge et changer de profession, à condition d'avoir accès aux moyens de la formation. Mais la mobilité géographique ou professionnelle ne signifie pas pour autant mobilité sociale. On constate déjà aujourd'hui, y compris et notamment en France, que l'école ne joue plus, ou joue moins, sa fonction d'ascenseur social ou de réducteur d'inégalités. Au contraire, elle les reproduit voire les accentue. Cela risque d'empirer si aucune action volontaire forte n'est mise en avant. Mais, alors que nous avons assisté impuissants à l'étouffement progressif de l'égalité des chances donnée par l'école de la République et à la dégradation régulière de l'ascenseur social, comment espérer que les choses vont d'elles-mêmes changer au moment où la présence de l'IA dans la société augmente les opportunités, mais plus encore les opportunités d'inégalités ?

Tous les secteurs sont concernés

La France reste une puissance agricole majeure, même si la part de la population active travaillant dans l'agriculture a chuté de façon spectaculaire. Et à l'échelle mondiale, le secteur agricole continue d'être un grand pourvoyeur d'emplois. Mais la traite, l'arrosage, la récolte, la distribution de nourriture aux animaux sont de plus en plus automatisés. L'intelligence artificielle va être de plus en plus utilisée pour mieux surveiller les troupeaux, les champs, les cultures, l'état des sols, et permettre la conduite automatique des tracteurs et engins permettant l'épandage, le labour, la moisson, etc. Les drones vont permettre d'estimer la biomasse sur une parcelle, le stress hydrique des plantes, la surveillance des animaux. Va-t-on vers une agriculture sans agriculteurs ?

Si le secteur primaire va être fortement impacté par l'IA, le secteur secondaire ne va pas y échapper. Les robots vont remplacer la main-d'œuvre peu ou pas qualifiée pour les tâches les plus répétitives, les plus sensibles... et les plus grands consommateurs de main-d'œuvre dans le secteur tertiaire. Il existe maintenant des robots avancés, des *chatbots* d'apprentissage machine et des systèmes autonomes. Les entreprises de divers secteurs d'activité se servent de l'IA pour personnaliser les récommandations des services publics, améliorer l'attention portée aux clients, identifier les anomalies dans les processus de production, détecter les fraudes, etc. La technologie d'automatisation peut aider à éliminer la charge de travail administratif répétitif et permettre aux employés de se concentrer sur la résolution de problèmes plus complexes tout en réduisant le risque d'erreur. Les traders pourront bientôt être remplacés par des machines qui effectueront automatiquement des analyses financières et donneront des ordres d'achat ou de vente grâce à des algorithmes sans cesse plus perfectionnés, et seront capables de travailler plus longtemps encore et sans lourds et coûteux besoins de compensations. Ainsi, la banque d'affaires Goldman Sachs est passée entre 2000 et 2017 de 600 à 2 *equity traders* (traders sur le marché d'actions). Les transactions à haute fréquence (THF), effectuées par des algorithmes automatisés, représentent aujourd'hui une très large majorité des ordres passés sur les marchés boursiers mondiaux.

Si les ventes par Internet ont multiplié le nombre d'emplois de livreur, un système de livraison par drone pourrait conduire nombre d'entre eux à la cessation d'activité. La chaîne de la logistique et de la maintenance sera également lourdement affectée. Les algorithmes pourront faire l'état des stocks, l'inventaire et assurer le cycle de la réception des produits, l'emballage et la livraison aux clients. Google a déjà lancé son service de livraison par drone en Australie, via sa filiale Wing. Amazon teste un système équivalent avec Prime Air.

Les études de médecine sont longues et difficiles. Mais un appareil dirigé par l'IA saura encore mieux dépister telle ou telle maladie et réagir par rapport au dossier médical particulier d'un patient... Le suivi à distance des patients se généralisera grâce à la 5G. Aucun médecin, aucun spécialiste ne peut mémoriser des millions de données. L'IA en est capable et peut aussi établir un diagnostic bien plus précis, avec des possibilités d'erreur quasi nulles, ce qui, par définition, n'est pas le propre de l'humain. Les avocats seront mis en concurrence avec des machines ayant intégré et mémorisé l'ensemble des jurisprudences, ce que même les plus brillants d'entre eux ne peuvent bien sûr pas faire. Le spectre d'une justice rendue par des automates a même été évoqué, ce qui assurerait neutralité et rapidité. Le système légalisé aux États-Unis permet déjà d'évaluer les chances de succès ou d'échec à un procès et d'en évaluer le coût probable. Les *legal tech* proposent d'automatiser la rédaction des contrats et d'en dématérialiser la gestion. L'époque où les études de droit ou de médecine conduisaient à la certitude d'un emploi stable et valorisant est-elle révolue ?

Même les journalistes, déjà à la peine, pourront être partiellement remplacés par des robots. En 2016, le magazine *The Drum* a confié la rédaction d'un article à un robot intelligent, Watson, construit par IBM. Le marketing version IA permettra un ciblage perfectionné. Les algorithmes pourront remplacer les *community managers*. L'IA interviendra également dans les processus de recrutement, sélectionnant les CV ou auditionnant les candidats.

Et l'humain dans tout ça ?

Une empathie encore plus nécessaire

Bien sûr, rien ne remplacera l'attention humaine. Ce n'est pas un algorithme qui pourra vous réconforter ou vous remonter le moral à l'annonce de la découverte d'une maladie[46]. Ce n'est pas lui qui vous donnera la confiance et l'énergie pour vous battre contre elle. Tous les métiers dans lesquels le contact humain est primordial ne seront pas remplacés par l'IA. On peut bien sûr créer de nouveaux emplois dans l'éducation, la protection de l'environnement, les loisirs, etc. Encore faut-il financer ces emplois d'intérêt général. Qui le fera si les États sont appauvris par les évasions fiscales et démunis face au pouvoir des puissances digitales? Les milliardaires de l'IA accepteront-ils de les financer sur leurs propres avoirs? C'est douteux, au vu de l'énergie et de l'inventivité qu'ils mettent à échapper aux obligations communes. Et cela restera dépendant de leur bon vouloir ou de leurs caprices.

Selon Christophe Victor, dans un monde de plus en plus livré aux robots, aux algorithmes et à l'intelligence artificielle, l'empathie, l'intuition, les relations interpersonnelles et la communication auront une importance croissante. L'humain devra ainsi, heureusement, se remettre au centre du jeu. En 2016, le Conseil national du numérique français livrait une interprétation moins optimiste, avec la possibilité de créer progressivement deux catégories d'emplois: des emplois bien payés, à dimension managériale créative, requérant une qualification élevée; des emplois peu qualifiés, non routiniers, concentrés dans les services à la personne. La société se polariserait donc entre d'un côté quelques activités à très haute valeur ajoutée, assumée par un petit nombre de personnes, et de l'autre des activités à très faible valeur ajoutée, notamment dans la sphère domestique, effectuées par le reste de la population[47]. On pourrait y ajouter un autre gisement d'emploi: les métiers de la sécurité, déjà en forte expansion et qui deviendront vite encore plus indispensables pour protéger les premiers de la colère et des récriminations des seconds.

Mais le scénario extrême serait d'aboutir à une minorité d'oligarques servis par une foule de domestiques empressés et serviles, heureux d'échapper, grâce à la proximité de ces milliardaires, à la misère crasse à laquelle sera contrainte le reste de l'humanité. La globalisation a déjà accru la richesse mondiale *et* les inégalités. La révolution de l'IA pourrait avoir des conséquences de même type, sans correctif.

Tim Berners, l'un des inventeurs du World Wide Web, se dit dévasté par ce qu'est devenue sa « créature » une fois captée par une poignée d'acteurs n'ayant pour objectif que le profit. Sa philosophie de la toile comme un bien public détonne avec celle aujourd'hui en vigueur dans la Silicon Valley[48].

Cédric Villani se veut plus rassurant. Il estime qu'il y aura une diminution des métiers moyennement qualifiés, ceux de très haute et de très basse qualification ne suffiront pas. Il pense surtout que la seule façon de connaître ces impacts, c'est de mettre en place et de développer l'IA. Quiconque déclare aujourd'hui que l'IA va supprimer les emplois « prend le risque d'être pris pour un affabulateur car en réalité il ne sait pas[49] ».

Construire un avenir commun

Aussi, Kai-Fu Lee estime que l'organisation mondiale engendrée par l'intelligence artificielle va combiner deux traits majeurs : une économie où le vainqueur ne laisse aucun concurrent debout et une concentration des richesses sans précédent dans les coffres d'une poignée d'entreprises chinoises et américaines. Chômage généralisé, inégalités criantes, désordres sociaux et crises politiques sont donc à prévoir. Selon lui, autrefois, les pays pauvres étaient intégrés dans la mondialisation grâce à leur main-d'œuvre bon marché. La marée des jeunes travailleurs qui représentait la principale force de ces États va devenir un handicap, car inemployable. Il va donc se créer une immense masse d'individus incapables de trouver un emploi productif. Mais il fait un autre pari pour adoucir les effets négatifs de l'IA, voire les éliminer. Il s'agit de construire notre avenir commun en tant qu'individus, pays et communauté mondiale : tenter d'associer la capacité de l'intelligence artificielle, la pensée et la capacité des humains à aimer. Si nous parvenons à créer cette synergie, écrit-il, nous serons en mesure de générer de la prospérité grâce au pouvoir de l'intelligence artificielle, tout en restant connectés à notre humanité profonde. Plaidant contre le revenu universel mais pour une allocation d'investissement social, Kai-Fu Lee croit que les activités socialement bénéfiques pourraient être financées comme des activités économiquement productives le sont maintenant. Il fait un pari audacieux sur une prise de conscience des entrepreneurs de la Silicon Valley. Ils savent parfaitement, selon lui, qu'ils deviendront les cibles privilégiées de la vindicte publique si la situation tourne mal. Ne sont-ils pas assis sur des milliards de dollars ? N'ont-ils pas une lourde responsabilité dans les bouleversements économiques qui se préparent ?

Espérons que l'avenir lui donnera raison. Mais cette évolution positive ne se fera pas « naturellement », et il est plus probable que la prise de conscience des milliardaires du digital ne se fasse pas sans la mise en place d'un rapport de force dans lequel ces derniers sauraient très bien supporter le coût psychologique de l'impopularité, bien protégés dans les lieux inaccessibles à la foule des va-nu-pieds en colère. Car pour le moment, les gains générés par les TIC (technologies de l'information et de la communication) ont été empochés par le 1 % les plus riches et plus encore par le 1 % du 1 %, tout en provoquant une stagnation de la classe moyenne et une baisse des revenus des plus pauvres.

La défaite des États ?

Le magazine *Challenges*[50] évoquait en 2018 un projet qui aurait pu sembler sorti du cerveau des meilleurs scénaristes de Hollywood. Construire des maisons parfaitement intégrées à la végétation, sur une île artificielle, dans les eaux territoriales françaises. C'est le programme Blue Frontiers, qui devait accueillir 250 personnes en 2020 après l'obtention auprès des autorités locales du permis de construire et des dérogations au droit du travail et à la sécurité sociale. Il s'agit d'un projet du groupe libertarien Seasteading Institute qui prône la diminution du rôle de l'État et la défense des libertés individuelles. Des projets d'îles artificielles dans les eaux internationales sont aussi étudiés. « Ce sont des projets très politiques. Il est très angoissant de penser que toutes les terres sur notre planète sont aujourd'hui quadrillées et réglementées par les États », commentait le philosophe libéral Gaspard

Koenig, « conseiller spécial chargé de la gouvernance » auprès de l'équipe de Blue Frontiers.

François Saltiel définit ainsi le projet: «L'objectif du Seasteading[51] est de construire une ville flottante qui pourrait accueillir résidences, commerces et instituts high-tech. Les habitants de ce petit monde flottant seront aussi en mesure de produire leur propre énergie et de traiter leurs déchets, une promesse verte pour rassurer les défenseurs du climat[52]. »

Mais si ces communautés ne sont plus gérées par les États, comment organiser les relations avec le reste du monde? Au-delà de l'aspect intellectuellement séduisant du mouvement libertarien, n'y a-t-il pas ici la volonté d'échapper au reste du monde et à ses règles (pourtant légères) de solidarité?

Les plus riches se créent des îles et des États artificiels, ils ont les moyens de se doter d'une flotte pour en protéger l'accès, y compris par la force, et profitent d'une vie paradisiaque en échappant aux impôts et au partage, et laissent le reste de l'humanité se débrouiller. Autopersuadées de leur supériorité (n'est-ce pas le mérite qui a fait la différence?), les élites veulent se protéger des masses uniformes et sous-développées et s'organisent pour se tenir à l'écart et éviter de partager des ressources naturelles devenues plus rares.

IA et santé

Riche et bien portant

Il en va de la santé comme de la richesse: les écarts risquent de s'élargir. Et, oh surprise, l'amélioration de la santé, l'augmentation de la durée de la vie et des performances physiques pourraient avant tout profiter aux plus riches.

Car outre le travail, il y a un autre domaine où l'IA, selon la façon dont on l'utilise, pourrait donner deux scénarios tout à fait opposés. Elle peut aussi bien servir à allonger considérablement l'espérance de vie, et de surcroît en bonne santé, que déboucher sur la mise en place d'une petite élite bénéficiant de ces possibilités dont la majorité serait exclue.

Le transhumanisme a pour but d'améliorer l'homme et ses conditions de vie grâce aux progrès techniques. Qui s'en plaindrait ?

« Le transhumanisme est un mouvement philosophique et scientifique qui veut utiliser tous les moyens mis à la disposition de l'homme par la technologie pour améliorer l'espèce humaine, augmenter ses capacités de perception, de cognition, de réflexion, de performance, et finalement faire naître le posthumanisme[53]. » Mais ne risque-t-on pas d'aller vers des problèmes éthiques capitaux ? « Sur le plan médical, où les prouesses technologiques sont en pleine expansion, le jour où l'on offrira aux parents le choix d'un enfant à la carte n'est peut-être pas si loin : avec le diagnostic prénatal, on éliminait le pire, mais désormais, avec le diagnostic préimplantatoire, on sélectionne les meilleurs[54]. »

Au XXᵉ siècle, les progrès scientifiques sanitaires ont permis un allongement spectaculaire de l'espérance de vie, et mieux encore de l'espérance de vie en bonne santé. Certes, des différences existent, notamment au sein des pays développés, selon la condition sociale (les ouvriers vivent moins longtemps que les cadres) et entre pays développés et pays pauvres. Mais le risque au XXIe siècle est une aggravation des inégalités avec, dans la pire des perspectives, la création de surhommes aux capacités améliorées de toutes parts, y compris et surtout l'espérance de vie, et d'autres qui n'y ont pas accès. Scénario cauchemardesque, digne d'un film catastrophe.

La supériorité de revenus et de savoirs permet l'accès à des traitements et des produits qui augmentent les capacités intellectuelles et physiques. Elles contribuent à donner des moyens supplémentaires de s'enrichir plus facilement et de développer encore ses avantages. À l'inverse, ceux qui n'ont pu, pour eux-mêmes ou leur descendance, avoir accès à ce type d'amélioration, restent scotchés dans un parking où l'on n'avance pas. Mais le réflexe premier de la plupart d'entre nous n'est-il pas de privilégier sa santé et celle de ses proches ? Qui pourrait résister à la possibilité d'offrir à soi-même et aux siens la possibilité de vivre mieux et plus longtemps ? N'est-ce pas un ressort psychologique plus fort encore que celui qui pousse à s'enrichir ?

Pauvre et malade

François Saltiel évoque la start-up californienne Ambrosia qui propose d'extraire du plasma « de sang de post-adolescents (moins de vingt-cinq ans) pour l'injecter dans le corps de personnes plus âgées afin de régénérer leur organisme ». Des transfusions sanguines à 8 000 dollars la poche d'hémoglobine[55]. La Food and Drug Administration a rendu un avis négatif sur cette pratique jugée dangereuse, ce qui a amené la suspension (provisoire ?) de cette activité. « Il y a fort à parier que supprimer des embryons de l'éprouvette sera moralement moins dérangeant que d'éliminer un fœtus dans le ventre de la mère[56] », écrit Laurent Alexandre. Va-t-on vers une sorte d'eugénisme ? Vers la fabrication inconsciente – ou du moins dont tout le monde n'aurait pas conscience – de surhommes ?

« Tout au long de l'histoire, les nantis ont toujours profité de multiples avantages sociaux et politiques, mais jamais un immense fossé biologique ne les a séparés des pauvres. À l'avenir, de véritables écarts d'aptitude physique et cognitive risquent de se creuser entre les classes supérieures et le reste de la société[57]. » L'avertissement lancé par Yuval Harari dans son best-seller mondial a-t-il vraiment été entendu ?

« Notre monde moderne se targue de reconnaître, pour la première fois de l'Histoire, l'égalité foncière de tous les hommes. Il pourrait être sur le point de créer la plus inégale de toutes les sociétés[58]. » L'affirmation de la supériorité des classes était auparavant un postulat autorevendiqué. Elle pourrait, grâce aux nouvelles capacités médicales, devenir une réalité.

Pour Laurent Alexandre, « les pays où régnera un consensus sur l'augmentation cérébrale des enfants pourraient, lorsque ces technologies seront au point, obtenir un avantage géopolitique considérable dans une société de la connaissance[59] ». Qui pourrait se lancer dans une telle course ? L'afficher franchement pourrait créer des contre-réactions, mais, suggère Laurent Alexandre, si une équipe de savants parvient à ces résultats à partir de travaux visant à soigner des malades, « cela devient légitime et beau. Alzheimer sera la porte d'entrée des technologies et de la neuro-amélioration : un cheval de Troie commode pour la diffusion massive des technologies d'amélioration du cerveau[60] ». Le même estime qu'« il sera en 2100 jugé aussi étrange de laisser des petits enfants naître avec un QI inférieur à 160 qu'aujourd'hui de mettre sciemment au monde un bébé porteur de la trisomie 21[61] ».

Éthique

« De nombreuses voix appellent à la constitution d'un « GIEC de la bioéthique » à savoir un groupe international d'experts chargé de suivre les progrès des biotechnologies et de formuler des recommandations en la matière aux différents gouvernements[62]. » La France et le Canada ont annoncé en 2019 la création d'un groupe d'experts internationaux chargés d'étudier les enjeux éthiques de l'intelligence artificielle.

« Son développement se fait pour l'heure en l'absence de reconnaissance d'une personnalité juridique internationale et sans gouvernance reconnue. Elle est, enfin, très largement dépendante de logiques entrepreneuriales et de capitaux privés – échappant donc souvent, au moins en Occident, au contrôle des États[63]. » De même, un code éthique doit être mis en place pour éviter l'eugénisme, les sociétés à plusieurs vitesses ou les expérimentations des apprentis sorciers.

Mais quelle est l'autorité de ces comités éthiques? Selon Charles Thibout, ceux qui les composent peuvent appartenir aux GAFAM ou leur être liés professionnellement, ce qui est problématique[64].

Les questions éthiques nécessitent un dialogue multilatéral, un débat démocratique.

Politique *vs* milliardaires

Si l'IA permettait d'éliminer des tâches ingrates, de développer « les forces productives », d'améliorer les ressources disponibles, ou de faire comprendre que la consommation sans limites n'est peut-être pas le seul horizon de l'humanité, elle constituerait un formidable progrès. Si elle permettait l'amélioration de la santé de tous, il en serait de même. Mais sur tous les plans, il faudra que des décisions politiques soient prises, en dehors bien sûr des milliardaires du digital qui sont juges et parties et qui, surtout, échappent de plus en plus à la loi commune. Rien ne se fera « naturellement ».

Les bouleversements que l'IA va apporter ne sont pas suffisamment pris en compte, ne suscitent pas les réflexions indispensables pour qu'elle soit mise au bénéfice du plus grand nombre. Nous risquons, « par inadvertance » (mais en fait volontairement pour certains) de créer la société la plus inégalitaire qui ait jamais existé, faute d'avoir anticipé les conséquences sociales et sociétales de ces progrès technologiques.

Il faut remettre sur le tapis le débat sur le revenu minimum universel. Vu par certains comme une incitation à la fainéantise et la récompense du dilettante, il est le moyen d'assurer un minimum de justice sociale – et d'équilibre sociétal – face à la diminution du nombre d'emplois et l'augmentation de la production.

Mais c'est bien de décision politique, tant nationale que globale, dont il s'agit. L'IA est une incitation supplémentaire à l'ébauche d'une gouvernance globale, car si celle-ci ne se dessine pas, c'est la loi de la jungle qui va s'imposer.

La course aux milliards

Or il y a un fossé énorme entre les enjeux que représentent ces défis, d'une part la rapidité avec laquelle nos sociétés vont y être confrontées, et d'autre part leur prise en compte dans le débat public, la mobilisation pour que les forces qui conduisent à plus d'inégalités prennent « naturellement » le dessus. L'augmentation hallucinante de la fortune des milliardaires du digital pendant la crise du Covid-19 fut concomitante avec l'augmentation sidérale de pauvreté. Des dizaines de millions de personnes dans le monde sont repassées sous le seuil de pauvreté. Cela n'a pas conduit les premiers à un réflexe de partage, bien au contraire. Entre le 18 mars et le 19 mai 2020, la valeur nette des 600 plus grosses fortunes américaines a augmenté de 434 milliards de dollars, soit une hausse de 15 %.

Dans le même temps, la fortune des cinq premiers milliardaires américains Jeff Bezos, Bill Gates, Mark Zuckerberg, Warren Buffet et Larry Ellison a augmenté de 75 milliards de dollars. J. Bezos a augmenté sa fortune de 30 % pour atteindre 147 milliards de dollars, M. Zuckerberg a bénéficié d'une augmentation de 25 milliards de dollars.

Gilles Badinet estime que les gains de productivité sont encore à venir. Pour lui, la bonne nouvelle, c'est « l'augmentation de la productivité, la mauvaise c'est sa répartition[65] ». Certes, pour que le marché existe, il faut des consommateurs. Mais il n'est pas besoin d'être marxiste pour savoir que le marché ne sait pas se réguler tout seul. Si on le laisse agir seul, il est capable de se tuer lui-même par une course incessante au profit qui pourrait le priver de consommateurs en ayant détruit les emplois des travailleurs. On est passé d'une période de réduction des inégalités avec, dans les pays développés et émergents, la constitution de classes moyennes après la Seconde Guerre mondiale jusqu'aux années 1980, à une dérégulation qui accroît à nouveau les inégalités.

On parle d'effet sablier, avec des riches en haut coupés des pauvres d'en bas, mais l'image n'est pas tout à fait fidèle à la réalité, car les deux parties du sablier sont très loin d'être égales.

Les dirigeants des GAFAM et leurs équivalents étrangers n'ont aucun intérêt à lancer le débat. Ils sont lancés aveuglément dans une course sans fin à l'accroissement de leur richesse. Le signe extérieur n'en est désormais plus la voiture de luxe, l'avion privé ou le yacht aux dimensions toujours plus démesurées, mais la navette spatiale privée.

L'engagement de la société civile

Il faut construire le rapport de force. Les ONG, les individus, les syndicats, les sociétés civiles doivent se mobiliser pour mettre ces sujets sur la table. Ils devraient combattre de puissants adversaires accrochés à leurs privilèges et leur statut. Or ces derniers ont les moyens d'influencer le débat public. Ils peuvent se payer à prix d'or les meilleurs lobbyistes, c'est largement rentable. Ils exercent une influence sur les élus. Leurs budgets publicitaires leur permettent de faire pression sur des appareils médiatiques en difficulté, leurs budgets d'affaires publiques de s'attirer les bonnes grâces d'influenceurs politiques, académiques ou médiatiques. Bref, le combat va être rude, mais il est indispensable.

Combien de débats sur les chaînes d'infos, au Parlement, sur ce sujet? Ce débat n'est-il pas plus vital pour l'avenir de notre démocratie? N'est-il pas un enjeu plus important que le débat sur le port du voile des mamans accompagnatrices scolaires? Pourtant, comparez les places attribuées à l'un et à l'autre de ces enjeux. N'êtes-vous pas pris d'effroi?

Mais un responsable politique va plus facilement arbitrer selon la satisfaction immédiate de sa population que lui demander de consentir à des efforts payants à long terme. Pourquoi prendre des risques d'impopularité pour obtenir des bénéfices qui profiteront à ses successeurs? Le chef d'entreprise n'est pas comptable de l'intérêt général, mais de celui de ses actionnaires. Et s'il veut leur fournir des bonus confortables, il les obtiendra par des résultats trimestriels plantureux, pas par des perspectives florissantes à long terme ni par la pérennité assurée de l'entreprise d'ici une génération. Pour Gaspard Koenig, « ni les entrepreneurs ni les investisseurs n'ont la moindre idée de l'impact social et politique des technologies qu'ils créent[66] ». Gilles Babinet souligne: « Par le passé, l'utilisation brutale des techniques n'a pas toujours permis l'épanouissement des nations. Dans ce cas, la réflexion préalable est non seulement nécessaire, mais impérative, tant il s'agit de définir quelles orientations nous souhaitons donner au projet humain[67]. »

Si les responsables politiques et les chefs d'entreprises se préoccupent de plus en plus de la protection de l'environnement, c'est peut-être par prise de conscience – sincère pour certains – et par sens de l'intérêt général, mais aussi parce qu'ils comprennent que ces sujets comptent pour les citoyens et pour les consommateurs. Ils suivent donc l'évolution d'un rapport de force dans les opinions et les modes de consommation. Il faut faire de même concernant les défis de l'IA. Les enjeux pour notre société sont aussi importants que ceux relevant de la protection de l'environnement. Ils n'ont pas encore touché les opinions publiques dans leur profondeur, comme la problématique climatique. Il faut accélérer cette prise de conscience. Lancer le débat. Construire un rapport de force avec les géants de l'IA, rapport de force qui aujourd'hui n'a été exclusivement bâti que par eux et pour eux.

Chapitre 3

Les GAFAM vont-ils tuer l'État ?

Une fin annoncée ?

J'ai toujours été sceptique face aux thèses décrivant l'obsolescence de l'État comme acteur des relations internationales, très en vogue depuis le début des années 1990. Certes, l'État n'a plus le monopole de l'action internationale que le traité de Westphalie[68] était censé lui avoir donné. En a-t-il d'ailleurs jamais réellement bénéficié totalement ? Fondé en 1080, l'ordre de Malte avait établi des relations diplomatiques avec de nombreux États. Au XVe siècle, l'Angleterre, la France, les Pays-Bas, la Suède et d'autres créent des compagnies des Indes pour gérer le commerce avec leurs colonies. Elles seront richissimes. Il est indéniable que tout au long du XXe siècle, l'État a dû faire une place de plus en plus importante aux autres acteurs internationaux, définis cependant toujours négativement par rapport à lui. Les acteurs non étatiques tels que les organisations internationales, firmes multinationales et autres ONG sont venus le concurrencer sur la scène internationale. Les acteurs sont sans cesse plus nombreux et plus diversifiés.

Depuis la fin du monde bipolaire, avec l'accélération de la globalisation et l'implosion de l'URSS, le modèle de l'État tout-puissant est remis en question. Certains ont pu prédire pêle-mêle la fin de l'histoire, la fin des territoires, la fin des frontières, voire la fin de la géopolitique. La fin des concepts hors sol intellectuellement chics mais ayant pour seul défaut de ne pas s'accrocher à la réalité ne semble pas être pour demain. Effet de mode, effet « perroquet » qui peut aussi servir dans les milieux intellectuels ? Toujours est-il que ceux-ci étaient prêts à renvoyer l'État au musée de l'histoire, à côté du rouet et de l'âge de pierre. Au fil du temps, on a vu ces prédictions se heurter au mur de la réalité. Les faits ont la tête dure. L'État avait certes perdu le monopole des relations internationales mais en restait néanmoins l'acteur pivot incontournable.

Curieux paradoxe, c'est la globalisation capitalistique qui allait permettre la réalisation de la prédiction de Marx : l'État allait s'éteindre non pas par la mise en place du communisme[69], mais par l'extension du capitalisme.

Cependant, une nouvelle menace apparaît : celle des GAFAM, ou plus largement des entreprises digitales. En termes de population, de puissance économique, de services quotidiens rendus, et même de fonctions régaliennes, ces géants sont en train d'empiéter sur le domaine des États. Et ils pourraient constituer la menace la plus sérieuse ayant jamais existé.

États sans territoire

Tableau comparatif des fortunes des dirigeants des GAFAM

Milliardaire	Entreprise	Rang parmi les fortunes mondiales (Bloomberg, novembre 2020)	Fortune estimée en milliards de dollars (Bloomberg, novembre 2020)	Équivalence PIB (à 5 milliards près) (Banque mondiale, 2019)
Jeff Bezos	Amazon	1	183	Qatar
Bill Gates	Microsoft	2	128	Koweït
Elon Musk	PayPal/ Tesla/ SpaceX	3	121	Maroc
Mark Zuckerberg	Facebook	5	102	Cuba
Larry Page	Google	7	81,6	Sri Lanka
Sergey Brin	Google	8	79	Oman
Steve Ballmer	Microsoft	9	76,2	Guatemala
Larry Ellison	Oracle	12	68,4	Bulgarie

La fortune de Jeff Bezos s'est accrue de 80 milliards[70] de dollars entre décembre 2019 et septembre 2020, en pleine crise du Covid-19, c'est-à-dire à peu près le PIB de l'Éthiopie ou d'Oman en 2019. Le 20 juillet 2020, en une seule journée, la fortune du patron d'Amazon s'accroissait de 13 milliards de dollars, après l'augmentation de la valeur de l'action d'Amazon, c'est à peu près le PIB du Mozambique, de Malte ou de l'île Maurice. Sa fortune atteignait alors 189 milliards de dollars, soit le PIB du Qatar et un peu moins que celui de la Nouvelle-Zélande, et se maintient depuis aux alentours de 180 milliards de dollars.

Il devient de plus en plus difficile de trouver un sens et une signification à ces fortunes faramineuses. Le chiffre d'affaires de Facebook équivaut au PIB du Liban ou de l'Uruguay, à un peu plus de 50 milliards de dollars, celui d'Alibaba, 48 milliards de dollars, est comparable au PIB de la République démocratique du Congo, qui est certes un pays pauvre, mais aussi à celui de l'Azerbaïdjan, qui est pourtant un pays pétrolier. Facebook réunit 2,6 milliards d'utilisateurs, c'est-à-dire à peu près autant que la population de la Chine et celle de l'Inde réunies. Alibaba a 650 millions de clients, ce qui en ferait le troisième pays du monde en termes d'effectif démographique.

Les GAFAM pourraient-elles être les vecteurs de la déterritorialisation des relations internationales ? Venir remplir des fonctions autrefois strictement régaliennes ? Avoir une puissance économique supérieure à celle des États ? Susciter une adhésion consumériste qui l'emporterait sur le patriotisme ? Fournir les services de base indispensables aux citoyens de façon plus efficace que les États ? Bref, bousculer, ringardiser et rendre obsolètes des structures vieillottes et vermoulues grâce à leur dynamisme, leur réactivité immédiate et leur modernité ?

Dans leur livre *The New Digital Age*, Eric Schmidt et Jared Cohen estiment que des acteurs non étatiques ont besoin d'être connus et officialisés : « Nous pensons que des États virtuels pourront être créés et viendront ébranler le paysage digital des États réels dans le futur[71]. » La possibilité de créer une souveraineté virtuelle pourrait, dans le meilleur des cas, être un premier pas vers la reconnaissance officielle d'un État, ou dans le pire des cas venir aggraver une guerre civile.

L'exemple kurde

Selon eux par exemple, la population kurde en Iran, en Turquie, en Syrie et en Irak pourrait construire un web kurde qui serait un moyen d'aller vers une indépendance virtuelle et établir un domaine virtuel « .krd ». Ils poursuivent : « Le comité kurde virtuel pourrait tenir les élections et établir des ministères pour fournir les biens publics élémentaires. Il pourrait même utiliser une monnaie commune[72]. » Ils ajoutent en passant l'exemple tchéchène : « La création d'un État virtuel tchétchène pourrait cimenter la solidarité ethnique et politique, mais il pourrait sans aucun doute envenimer les relations avec le gouvernement russe[73]. »

Mais en réalité, dans cette hypothèse, les GAFAM seraient plutôt l'instrument d'un mouvement de sécession préalable à une reconfiguration territoriale. Le web aiderait les Kurdes à faire sécession de leurs États actuels de rattachement avant de créer un nouvel État avec leurs frères des autres nations. Le web pourrait aider et/ou préfigurer l'indépendance d'un peuple par sécession, donc être à l'origine de la création d'un nouvel État et non la cause de l'effacement de l'État en tant qu'acteur des relations internationales. Mais si pour l'État, le danger vital est ici écarté, il existe pourtant bel et bien.

Des domaines plus si régaliens que ça

En juin 2020, une fusée SpaceX, entreprise appartenant à Elon Musk, envoyait dans la station spatiale internationale deux astronautes américains. Le 2 août, la capsule Dragon Endeavour amerrissait au large de la Floride, ramenant les deux astronautes américains sains et saufs. Toujours en juin 2020, Bill Gates faisait un très gros chèque (plus de 300 millions de dollars) à l'Organisation mondiale de la santé pour compenser la suspension de la contribution nationale des États-Unis annoncée par Donald Trump. Avant cela, Mark Zuckerberg, le patron de Facebook, voulait lancer le libra, une monnaie virtuelle permettant aux consommateurs de payer en ligne à moindre coût. Qu'ont ces trois événements en commun ? Tous ont été initiés par des milliardaires ayant fait fortune dans le digital, qui viennent ainsi remplir des fonctions traditionnellement régaliennes.

En l'occurrence, la conquête de l'espace est historiquement l'affaire des États. Elle s'est très peu démocratisée pour échapper au monopole des deux superpuissances, mais en restant l'apanage des grandes puissances. Jusqu'à ce qu'un individu, sans fortune vingt ans auparavant, vienne au secours de la NASA. De même, ce sont généralement les États qui apportent une contribution aux organisations internationales qui, d'ailleurs, ne peuvent être créées que par eux. Pourtant, au moment où les États-Unis retiraient leur contribution à l'OMS, c'est Bill Gates qui venait suppléer la défaillance de l'État américain à travers sa fondation.

Enfin, le fait de battre monnaie est par définition une compétence régalienne considérée comme vitale. C'est d'ailleurs pour cette raison qu'historiquement la fausse monnaie a toujours été ardemment combattue par les États. Or, en juin 2019, Marc Zuckerberg annonçait son intention de créer un nouveau système monétaire qui échapperait au contrôle des gouvernements, des banques, des institutions financières, et ce sans en demander l'autorisation à aucune de ces institutions. Facebook, avec Instagram et WhatsApp, est une puissance qui compte 2,6 milliards d'usagers, bien plus que la population de la Chine. Si ces derniers commencent à régler leurs achats en libras, la monnaie que veut créer le patron de Facebook, il y aura de quoi déstabiliser le système monétaire mondial. Les réticences face à cette perspective seraient-elles le fait de personnes opposées au progrès ? Pas tout à fait. Nicolas Théry, le patron du Crédit Mutuel, estime qu'« il s'agit au contraire d'un retour au Moyen Âge, lorsque chaque grand féodal voulait disposer de sa propre monnaie pour commercer. Ce projet s'inscrit donc à rebours de siècles d'histoire monétaire, qui ont pourtant montré l'utilité de banques centrales pour superviser le système et jouer un rôle de prêteurs en dernier ressort[74] ». Le projet a été repoussé. Temporairement ? PayPal peut être considérée comme étant déjà une monnaie alternative échappant au contrôle gouvernemental, comme les Bitcoins, appréciés par le crime organisé.

Nous avons donc ici l'exemple de trois multimilliardaires dont la fortune aussi récente que conséquente provient des nouvelles technologies et qui interviennent dans des fonctions autrefois purement régaliennes, allant même jusqu'à se substituer à des États. Leurs fortunes, acquises rapidement, l'ont généralement été au détriment des règles de libre concurrence dont ils se réclament et grâce à une politique d'évasion fiscale sophistiquée. Le principe de ces grandes fortunes qui créent par la suite des fondations pour redistribuer une partie de leur argent n'est pas nouveau. Il s'inscrit finalement dans une vieille tradition, celles de ceux surnommés « les barons voleurs » au XIXe siècle aux États-Unis[75]. C'est un système généreux de défiscalisation qui permet à ces fondations richement dotées d'être créées et de financer des projets scientifiques ou charitables.

Bouleversement géopolitique

Très jeunes milliardaires

Les géants du digital sont venus bouleverser le paysage technologique, mais également économique et géostratégique à une vitesse que nul n'a prévue ou n'aurait pu imaginer. On évoque souvent la formidable montée en puissance de la Chine au cours des quarante dernières années, mais le choc du digital a été tout aussi puissant, si ce n'est plus. Si on consulte la liste des huit premières capitalisations boursières mondiales au 31 décembre 2018 données par le *Financial Times global 500*, on trouve ceci : 1. Microsoft ; 2. Apple ; 3. Amazon ; 4. Alphabet (Google) ; 5. Berkshire Hathaway ; 6. Facebook ; 7. Tencent ; 8. Alibaba. Sur ces huit valeurs, sept sont donc des valeurs technologiques liées directement à la révolution numérique. Cinq d'entre elles n'existaient pas ou se lançaient tout juste il y a vingt ans. Seule Microsoft – créée en 1975 – fait figure de société plus ancienne.

Cette puissance financière s'est constituée très rapidement, sans être partagée avec le reste de la population, et quelque part à son détriment. La fortune de ces « hyper » milliardaires se fait aussi au détriment des consommateurs et des citoyens-contribuables. Il était classique après le premier choc pétrolier de distinguer les pays producteurs à forte population de ceux à faible population, ces derniers avaient une capacité d'investissement phénoménale. C'est encore plus flagrant avec les entreprises du digital : leur capital, leur chiffre d'affaires et la fortune de leurs propriétaires, une poignée de personnes, et donc leurs capacités d'investissement, qui s'élèvent dans le ciel aussi vite que les fusées d'Elon Musk.

Des centaines de milliards de dollars ont afflué dans la Silicon Valley. Les milliardaires du digital sont les enfants triomphants de la révolution géopolitique de la globalisation, de la fin du monde bipolaire et de la révolution technologique des NTIC. Pour Nikos Smyrnaios : « Bénéficiant de la convergence technologique, de l'absence de régulation efficace et de l'apport de ressources financières gigantesques, des acteurs oligopolistiques de l'Internet ont étendu leur activité à l'échelle du globe. Ils bénéficient ainsi à plein de la mondialisation de l'économie et de l'abaissement des barrières à la circulation des capitaux des produits et des services[76]. » Cela leur donne tous les moyens de concurrencer les puissances étatiques.

On objectera que ces milliardaires redistribuent une partie de leur richesse par de multiples actions charitables via leurs fondations. Même si leur fortune a pu être parfois bâtie de façon contestable, ne faut-il pas se féliciter de la générosité dont ces milliardaires font actuellement preuve ? Mais contribuent-ils à l'intérêt général pour redorer leur blason ou pour satisfaire leur ego ? Viennent-ils combler un vide laissé par des États impécunieux ou insensibles au sort des plus démunis, ou ne font-ils que rendre une petite partie de l'argent qui aurait dû atterrir dans les caisses de ces mêmes États ? Et quelle est la crédibilité à long terme de leurs engagements ? À qui doivent-ils rendre des comptes ? À personne !

Un système fiscal pris en défaut

En réalité, si ces acteurs viennent au secours des États, c'est que très souvent ils sont en partie responsables de leur appauvrissement. De fait, en 2015, Elon Musk se félicitait d'avoir été financé par la puissance publique à hauteur de 5 milliards de dollars pour investir dans les énergies renouvelables, arguant que son travail contribuait au bien de l'humanité. Cependant, on sait que toutes ses compagnies ont très largement pratiqué l'évasion fiscale. Et c'est bien parce qu'elles payent peu d'impôts qu'elles se sont bâti des fortunes si rapidement.

Les GAFAM sont les championnes olympiques de l'évasion fiscale – pudiquement qualifiée d'*optimisation* fiscale. Le changement de dénomination ne modifie pas la réalité. Optimisation au bénéfice des entreprises et de leurs actionnaires, pas des États et de leurs citoyens. La réforme fiscale que Donald Trump a mise en place est un véritable cadeau aux GAFAM, malgré les mauvaises relations qu'il entretient avec leurs dirigeants. Donald Trump a instauré une baisse des taux d'imposition de 35 % à 21 % et a permis le rapatriement des profits que les multinationales réalisent à l'étranger. Jeff Bezos, propriétaire du

Washington Post, journal très critique à l'égard du magnat de l'immobilier, est l'ennemi déclaré de Donald Trump, qui lui rend bien son hostilité. Toujours est-il qu'Amazon n'a pas payé d'impôts aux États-Unis en 2018.

Les avoirs des entreprises de la Silicon Valley détenus dans des zones offshore sont estimés à 500 milliards de dollars. Apple en détiendrait à elle seule près de 200 milliards. Rappelons que la firme, qui est le plus gros vendeur de matériel informatique au monde, ne possède pas une seule usine. Le rapatriement de ces sommes devrait permettre de nouveaux investissements. Google réduit très largement sa facture fiscale en utilisant des filiales basées en Irlande, aux Pays-Bas et aux Bermudes. La firme bénéficie de traités fiscaux spécifiques. L'imposition d'entreprises est généralement basée sur la main-d'œuvre ou les machines. Les entreprises s'installent là où l'imposition est la plus faible : Amazon au Luxembourg, Google, Facebook, Microsoft et Apple en Irlande. Les GAFAM sont taxées à moins de 10 %, contre 23 % en moyenne pour les entreprises classiques[77]. En 2018, Google n'a payé que 17 millions d'euros d'impôts en France, ce qui la situe au niveau d'une grosse PME. Le tout alors que son moteur de recherche bénéficie d'un quasi-monopole dans l'Hexagone avec 94 % des requêtes. Ses 700 cadres, installés à Paris, ne sont pas censés travailler pour le marché français mais pour des sociétés de groupes installées à l'étranger. En réalité, ils travaillent bel et bien pour des clients français. Bien sûr, les GAFAM profitent des faiblesses de l'UE qui a mis en place un marché unique sans instaurer de fiscalité commue[78]. Et a accepté, après la crise de 2008, de renflouer l'Irlande sans exiger de modification de sa fiscalité déloyale.

L'optimisation fiscale à la sauce Google

Google US a créé une filiale, Google Ireland Limited, et une autre, Google Ireland Holding, société mère basée aux Bermudes. Google Ireland Limited reçoit 88 % du chiffre d'affaires de Google réalisé en dehors des États-Unis. Google US vend ses droits d'exploitation de marques et brevets à Google Ireland Holding qui les revend à Google Ireland Limited, en échange de redevances.

Google US a créé une filiale, Google Netherlands Holdings BV, basée aux Pays-Bas et qui ne compte aucun salarié. Google Ireland Limited verse la redevance à Google Netherlands Holdings BV au lieu de la verser directement à Google Ireland Holding. Elle bénéficie ainsi d'une exonération des redevances liées à l'exploitation de titres de propriété intellectuelle lorsqu'ils sont transférés vers un autre État de l'Union européenne. La filiale hollandaise verse ensuite 99 % de la redevance à Google Ireland Holding, bénéficiant du régime fiscal néerlandais qui est exonéré d'impôts, les redevances quittant le territoire des Pays-Bas. Google Ireland Holding étant basée aux Bermudes, les bénéfices de Google à l'étranger sont ainsi exonérés d'impôts.

Les filiales européennes de Google comme celles basées en France s'occupent de la promotion de l'entreprise auprès des annonceurs. Les contrats sont conclus par Google Ireland Limited, ce qui permet de ne payer que 12,5 % d'impôts sur les sociétés pour ceux qui ne sont pas exportés dans les Bermudes. L'Irlande a pris des mesures en 2015 afin de rendre impossible le fonctionnement du « double irlandais ».

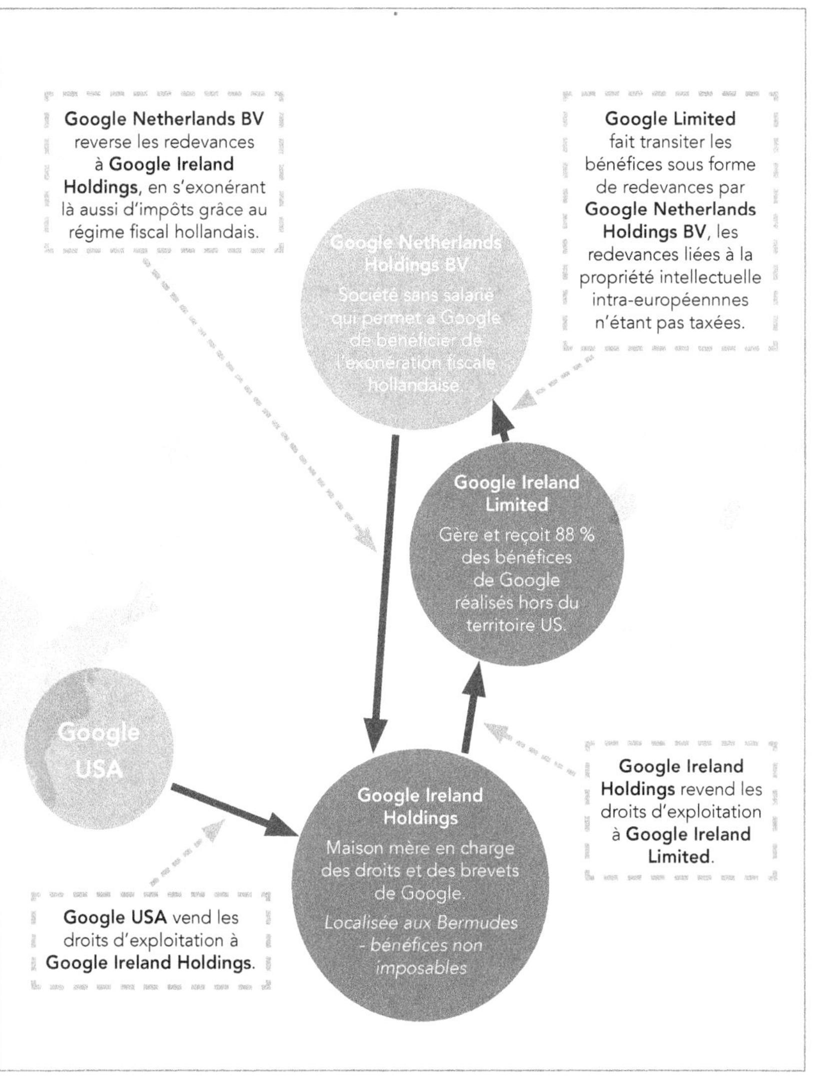

Google Netherlands BV reverse les redevances à Google Ireland Holdings, en s'exonérant là aussi d'impôts grâce au régime fiscal hollandais.
Google Limited fait transiter les bénéfices sous forme de redevances par Google Netherlands Holdings BV, les redevances liées à la propriété intellectuelle intra-européennnes n'étant pas taxées.
Google Netherlands Holdings BV
Société sans salarié qui permet à Google de bénéficier de l'exonération fiscale hollandaise
Google Ireland Limited
Gère et reçoit 88 % des bénéfices de Google réalisés hors du territoire US.
Google USA
Google Ireland Holdings
Maison mère en charge des droits et des brevets de Google.
Localisée aux Bermudes - bénéfices non imposables
Google Ireland Holdings revend les droits d'exploitation à Google Ireland Limited.
Google USA vend les droits d'exploitation à Google Ireland Holdings.

L'Union européenne et les tentatives de régulation des GAFAM

En 2019, Google payait une amende de 500 millions d'euros après un accord pour plaider coupable avec la justice française, ce qui lui a permis d'échapper à un procès pour fraude fiscale aggravée. La firme payait en outre 465 millions d'euros pour clore les procédures.

À l'été 2016, la Commission européenne condamnait Apple à rembourser 13 milliards d'euros à l'Irlande, la fiscalité extrêmement favorable de Dublin étant considérée comme faussant la concurrence. Le gouvernement irlandais a annoncé refuser percevoir cette somme. Dublin craignait qu'une relative normalisation de sa fiscalité fasse fuir les entreprises du numérique.

La commissaire européenne à la concurrence de 2014 à 2019, et désormais commissaire au numérique, la très énergique Margrethe Vestager, fut obligée d'assigner l'Irlande devant la Cour de justice de l'Union européenne. En 2017, cette Cour avait exigé du Luxembourg de récupérer 250 millions d'euros correspondant à des exonérations accordées à Amazon. En 2017 toujours, l'Irlande avait reçu plus d'investissements directs à l'étranger que la France.

Selon plusieurs sources concordantes, la commissaire européenne aurait fait l'objet de menaces à peine voilées exprimées dans son propre bureau par des représentants des GAFAM. Quand on lui demanda un jour si elle n'avait pas peur de s'opposer aux GAFAM, elle avait eu cette réplique formidable : « J'élève trois adolescents, alors rien ne peut me faire peur. » Si la plupart des parents pourraient se retrouver dans cette savoureuse formule, force est cependant de reconnaître que le pouvoir de nuisance d'adolescents turbulents (pléonasme!) et de multinationales richissimes n'est pas comparable.

Le 15 juillet 2020, la Cour de justice de l'UE jugeait que la Commission avait exigé à tort le versement de 13 milliards d'euros par Apple au gouvernement irlandais. La Cour estimait que la Commission n'avait pas réussi à prouver l'existence d'un avantage économique sélectif et donc d'une aide d'État en faveur d'Apple.

D'après Christophe Victor, « c'est peut-être l'office fédéral allemand de lutte contre les cartels qui a porté le coup le plus sévère à l'une des GAFAM en interdisant en 2019 à Facebook de combiner, sans le consentement explicite des utilisateurs, les données qu'il collecte via différentes sources, à savoir sa propre plate-forme et ses autres messageries WhatsApp et Messenger[79] ». Mais l'auteur reconnaît une faiblesse dans les outils juridiques utilisés par la France, l'Allemagne ou la Commission européenne. C'est généralement sur la base d'abus de position dominante. Mais la procédure d'enquête est longue : il a fallu sept ans à la Commission européenne pour condamner Google et son comparateur de prix, soit le temps de voir ses concurrents disparaître.

Pertes fiscales et bras de fer inégal

L'évasion fiscale au sein de l'Union européenne est estimée entre 500 et 1 000 milliards d'euros par an. De quoi développer de nombreux projets, construire de belles infrastructures, ou tout simplement effacer l'endettement européen dû à la relance de l'économie après la crise du Covid-19. Le plan de relance, jugé particulièrement ambitieux, est de 750 milliards d'euros.

Pour échapper à la fiscalité, les GAFAM peuvent embaucher des avocats lobbyistes en grand nombre, et particulièrement performants. Souvent, ils débauchent d'ailleurs des fonctionnaires des administrations qui cherchent à les réguler en leur proposant des rémunérations qui n'ont rien à voir avec celles du domaine public. Ces rémunérations, aussi importantes soient-elles, seront toujours avantageuses pour les entreprises comparées aux gigantesques économies qu'elles peuvent leur faire faire, qui se chiffrent en dizaines de milliards. En face, les États et la Commission européenne n'ont évidemment pas les mêmes moyens et sont relativement démunis face aux géants du numérique.

La Commission pourrait se baser sur l'article 116 du traité sur le fonctionnement de l'Union européenne (FUE), relatif aux distorsions de concurrence au sein du marché unique. Comme le rappelle Martine Orange dans *Mediapart* : « Cet article, jamais utilisé jusqu'alors, pourrait permettre de dénoncer tous les schémas fiscaux agressifs et de juguler le dumping fiscal entre les États membres. Avantage supplémentaire : il peut être mis en œuvre à la seule majorité qualifiée et non à l'unanimité[80]. »

La Commission européenne est pourtant mieux armée pour s'opposer aux GAFAM que chacun de ses États membres. Elle a pu sanctionner Google en juin 2017 pour un montant de 2,4 milliards d'euros pour avoir favorisé l'utilisation de son interface de commerce Google Shopping. Rebelote en juillet 2018 pour abus de position dominante par rapport à son moteur de recherche Google Search. L'amende s'élevait cette fois à 4,3 milliards d'euros.

Dans son discours sur l'Europe de la Sorbonne, le 26 septembre 2017, Emmanuel Macron avait déclaré : « Nous ne pouvons accepter d'avoir des acteurs européens qui seraient taxés et des acteurs internationaux qui ne le sont pas. »

Le projet européen de taxe des GAFAM à hauteur de 3 % par an ne porterait plus sur les bénéfices (susceptibles d'être dissimulés dans des filiales situées dans des zones offshore), mais sur le chiffre d'affaires. Elle concernerait les entreprises au chiffre d'affaires dépassant les 750 millions d'euros, dont 50 millions en Europe. Le projet a évidemment suscité l'opposition des GAFAM, mais aussi des pays membres de l'UE pratiquant le dumping fiscal, qui n'est rien d'autre qu'une monumentale fraude, contraire à la solidarité et l'équité. Après l'annonce qu'une taxation nationale de 3 % serait créée en France, Jeff Bezos, le patron d'Amazon, ripostait immédiatement en déclarant qu'elle serait directement répercutée sur les clients français.

Le secrétaire du Trésor américain, Steven Mnuchin, déclarait le 16 mars 2018 que les États-Unis étaient « fermement opposés à toute proposition de quelque pays que ce soit de cibler par l'imposition les grandes entreprises du numérique (...) ce qui nuirait aux travailleurs et consommateurs américains tout en freinant la croissance économique et en visant de manière cynique un secteur qui a été une grande source d'innovation[81] ».

L'OCDE travaille sur un projet permettant que les entreprises soient moins taxées sur le lieu où elles produisent et plus sur le lieu où elles vendent. L'OCDE porte aussi le projet de définir un taux minimal d'imposition mondial qui pourrait être fixé à 12,5 %, si des profits ont été logés dans un paradis fiscal et que les impôts n'ont pas été régulés[82].

Des milliardaires fastueux et grigous

Des monarques absolus

Nos nouveaux milliardaires sont prêts à dépenser des fortunes pour satisfaire le moindre de leurs caprices. Ne se privant de rien, ils veulent privatiser tout ce dont ils ont envie, de l'île paradisiaque au jet, en passant par le yacht démesuré et désormais la navette spatiale. Mais dès qu'il s'agit de payer des impôts ou d'augmenter les salaires de leurs employés, ils ont un haut-le-cœur.

Le milliardaire Richard Branson, installé sur une île privée et domicilié dans un paradis fiscal, n'a pas hésité, pendant la crise du Covid-19, à réclamer à l'État britannique 500 millions d'euros pour sauver sa compagnie aérienne privée Virgin Atlantic. Comme quoi l'État n'est pas toujours une malédiction. Il l'est lorsqu'il contraint à la solidarité nationale, mais en cas de malheur, c'est vers lui qu'on se tourne. Profits privatisés, pertes mutualisées. La recette n'est pas nouvelle. Les milliardaires du digital ont gagné leurs fortunes grâce, certes, à leur génie, mais aussi grâce à l'évasion fiscale. Salaires tirés vers le bas, marges *king size* sont aussi la source de ces super fortunes.

En pleine pandémie de Covid-19, en avril 2020, le P.-D.G. de SpaceX et de Tesla Elon Musk s'est opposé au confinement en Californie, menaçant de déplacer ses usines Tesla au Texas si l'interdiction de faire travailler ses employés n'était pas levée. Il a même qualifié ces mesures de fascistes, ce qui n'est pas le premier qualificatif qui vient à l'esprit quand on parle de la gouvernance californienne. Quitte à parler de fascisme, rappelons que Musk mène une guerre extrêmement dure contre les ouvriers de ses usines qui voudraient se syndiquer. Nul doute qu'il est un ingénieur de génie, mais cela ne devrait pas lui permettre d'avoir un pouvoir régalien et des caprices de tyran. Il a levé des fonds considérables sur la promesse qui fait tant rêver d'envoyer des humains sur Mars. « Derrière lui, ce sont des milliers de start-up qui se financent auprès d'un messie privé avide de discours semblables sur la transformation du monde. Les États et Nations sont en train de perdre progressivement la main sur ce secteur stratégique au profit des entrepreneurs du numérique qui imposent leur discours, leurs priorités et leurs agendas[83]. » Ils séduisent par leur volontarisme, leur optimisme, et la perspective d'une vie quotidienne facilitée par la technologie, à condition de leur permettre la collecte de nos données.

Quant à Jeff Bezos, le patron d'Amazon, lui aussi mène une politique antisyndicale très forte, nous en avons été directement témoins en France. Sa politique à l'égard des employés est si dure qu'ils n'ont, dans les entrepôts, pas le temps d'aller aux toilettes. La culture d'entreprise d'Amazon est souvent dénoncée pour encourager la compétition exacerbée, la surveillance mutuelle, et pour pousser le management à envahir la vie personnelle de ses cadres par des sollicitations permanentes. Ces pratiques induisent du stress et de la méfiance entre collègues. D'autant que les emplois qu'il détruit sont plus importants que ceux qu'il crée, même si ces derniers sont plus visibles grâce à une orchestration médiatique bien organisée. Amazon est également connue pour faire appel massivement à des contrats de travail précaires et pour louer des services de salariés mal payés pour ses centres de distribution.

En réalité, cette pratique est la règle au sein des GAFAM lorsqu'il s'agit du personnel peu qualifié. Dans une lettre adressée à Marc Zuckerberg, un syndicaliste a écrit que les conditions de travail de ces sous-traitants « rappellent l'époque où des nobles se faisaient conduire par leurs domestiques[84] ». Les dégâts humains de sa gestion ont été jusqu'à susciter la réalisation de deux épisodes dédiés, cruels comme il se doit, de la série *South Park* (saison 22).

L'exemple d'Amazon en France

Pour mieux illustrer l'attitude des GAFAM face aux États, arrêtons-nous sur un épisode, en aucun cas fictif celui-ci, de l'attitude d'Amazon dans notre douce France.

Le 19 mars 2020, au début du premier confinement lié à la pandémie de Covid-19, Bruno le Maire, ministre de l'Économie, dénonçait les pressions inacceptables exercées par Amazon sur ses salariés qui désiraient faire valoir leur droit de retrait. Ces derniers estimaient, à juste titre, que leur présence sur leur lieu travail leur faisait courir un danger grave immédiat. Mais pour Amazon, il s'agissait de profiter de la fermeture des librairies pour opérer des bénéfices immédiats et surtout élargir ses parts de marché à l'avenir[85]. Les demandes de droit de retrait étaient considérées comme des absences non autorisées. Un porte-parole d'Amazon France déclarait : « Depuis le début, nous agissons de manière responsable. Nous mettons en place des mesures qui sont colossales depuis fin février et encore plus depuis début mars et nous continuerons toujours d'améliorer les procédures en lien avec les recommandations des autorités. » Pourtant, le syndicat Sud Solidaires réclamait la fermeture des six entrepôts français d'Amazon, dénonçant une « bombe sanitaire et sociale qui est en train d'exploser et qui concerne plus de 10 000 travailleurs directs, mais aussi une armée d'intérimaires et de livreurs ». « Il faut que cette comédie cesse : sauf habiller les gens en cosmonautes, il n'est pas possible de les protéger correctement sur des sites où travaillent parfois plus de 500 personnes », déclarait le porte-parole du syndicat Sud[86]. Les représentants des salariés réclamaient a minima qu'Amazon Logistique France soit contraint de réduire son activité aux 10 % de marchandises essentielles et par conséquent de diminuer d'autant le nombre de salariés présents sur le site. En conséquence, le 14 avril 2020, le tribunal judiciaire de Nanterre ordonnait à Amazon de restreindre sous 24 heures l'activité de ses entrepôts aux seuls produits alimentaires, médicaux et d'hygiène, sous peine d'une astreinte de 1 million d'euros par jour et par infraction constatée. Amazon exprimait son désaccord et faisait appel, ce qui est bien sûr son droit, et affirmait : « Rien n'est plus important que la sécurité des collaborateurs. » Mais on sentait bien l'agacement à l'égard d'une contrainte de justice qui venait entraver une toute-puissante liberté de façon jugée illégitime.

Le 15 avril, le groupe réagissait sur Twitter, déplorant « la fermeture en dépit de l'énorme investissement réalisé pour renforcer la sécurité de nos collaborateurs ». Le groupe se disait perplexe quant à la décision rendue par le tribunal malgré « les preuves concrètes apportées sur les mesures de sécurité ». Il dénonçait alors « l'action syndicale qui a conduit à cette décision (qui) aura probablement des conséquences pour de nombreuses personnes dans notre pays ». Et il annonçait la fermeture totale des entrepôts français. Dans *Le Parisien* du 16 avril 2020, Frédéric Duval, directeur d'Amazon France, annonçait que les entrepôts mondiaux allaient servir les clients français. Interrogé sur le dialogue social, il répondait : « Le dialogue social existe dans nos entrepôts. Il est majoritairement positif, abondant. Je déplore que le recours en justice de ce syndicat ait des conséquences sur beaucoup de personnes : nos salariés, nos clients qui subiront un service dégradé, et les milliers de TPE et PME qui utilisent notre site pour développer leur activité. » Il s'en prenait donc de nouveau à la justice et surtout aux syndicats, responsables selon lui du mauvais sort réservé aux salariés et aux entreprises. Un discours antisyndical qui date d'une autre époque, plus proche des patrons de choc de la droite dure que d'un géant libéral d'Internet.

Alors que 94 % des autres sites d'e-commerce sont restés ouverts en France, aucun n'a été traîné devant les tribunaux. La qualité du dialogue social n'y est peut-être pas pour rien. Pour l'ex-secrétaire au travail de Bill Clinton, Robert Reich, Jeff Bezos incarne le capitalisme débridé, soulignant que lors des premiers mois de la pandémie,

« sa fortune a augmenté de 24 milliards de dollars alors qu'il continue à refuser à ses salariés – américains – des congés maladie[87] ».

Conscient de la mauvaise image que la société commençait à avoir, les dirigeants d'Amazon France lançaient une campagne publicitaire à la télévision, dans laquelle on voyait une jeune manageuse de zone déclarer qu'elle avait six personnes sourdes et malentendantes dans son équipe : « Amazon m'a appris la langue des signes. Je suis très contente qu'ils m'aient fait cette confiance. » On sortirait presque les mouchoirs. Et dans une interview au *Parisien* du 5 novembre 2020, titrée « Amazon n'est pas l'adversaire de l'État », Frédéric Duval expliquait que sur un chiffre d'affaires de 5,7 milliards de dollars en 2019, Amazon avait versé 420 millions de contributions au total. C'est déjà peu, mais le patron d'Amazon France amalgamait en réalité impôts directs, TVA payée par les consommateurs, cotisations patronales et sociales, façon un peu grossière de masquer une énorme évasion fiscale.

Ailleurs aussi…

Le même climat antisyndical est également bien installé chez Tesla. En avril 2017, les ouvriers de l'usine Tesla de Fremont, en Californie, ont déposé une plainte contre les conditions de travail au sein de l'entreprise. Selon eux, Tesla avait recours à la surveillance illégale, la coercition, l'intimidation et la prévention des communications entre travailleurs pour empêcher la syndicalisation de l'usine.

En mai 2020, 3 500 employés de Uber apprenaient qu'ils étaient virés par visioconférence Zoom[88].

Bien sûr, à côté des services rendus aux consommateurs, on peut également s'émouvoir à juste titre qu'Uber exploite ses chauffeurs, les prive de droits syndicaux et veuille les rendre dépendants et sans défense. Booking pressure les hôtels. Amazon détruit des emplois et accentue la désertification des centres-villes. Airbnb provoque l'augmentation des prix des logements pour les résidents des villes, capitales et lieux touristiques.

Mais c'est parce que ces entreprises ne sont pas régulées, parce que les États ont laissé faire. L'exemple de la politique de certaines villes pour limiter les effets négatifs d'Airbnb montre qu'il est possible de réagir. On peut forcer Uber à respecter des règles sociales si on en établit.

Les États-Unis face aux GAFAM

Comment les États-Unis peuvent-ils réagir face aux GAFAM pour ne pas subir leur concurrence au point de voir leur souveraineté mise en cause ? Ils pourraient faire leur travail de perception fiscale, ce qui représenterait déjà un progrès. Cela exigerait d'inverser la courbe de phobie fiscale et d'antiétatisme surpuissant régnant depuis les années 1980 et l'impulsion de Reagan – et de Thatcher. L'autre option est de faire jouer des clauses de protection de la concurrence.

En 1890, pour réguler les monopoles, le Sherman Antitrust Act venait les démanteler. Contrairement à ce que disaient ses détracteurs, une telle loi n'a en rien nui à la démocratie ni aux consommateurs. Comme l'écrit Alain Minc : « Lorsque le Standard Oil of New Jersey a été démantelé, au début du xxᵉ siècle, pour comportement monopolistique, nul ne s'en est désolé. Quand ATT a dû éclater, il y a trente ans, en entités multiples, chaque Américain s'est réjoui de voir disparaître un monopole arrogant, bureaucratique et méprisant à l'égard de ses clients. Si l'une des GAFAM était soumise au même traitement, nombre de ses usagers craindraient de perdre un service considéré comme un quasi-service public. Le monde entier s'est longtemps préoccupé de la domination de Washington sur le complexe militaro-industriel. Aujourd'hui, personne ne se soucie d'un complexe digitalo-politique infiniment plus puissant[89]. »

Des procédures peu efficaces

Le 7 juin 2000, la Cour fédérale du district de Colombia ordonnait la scission de Microsoft en deux entités: l'une en charge des systèmes d'exploitation, l'autre du développement et de la vente des logiciels. Mais ce jugement sera ensuite annulé en appel: « L'annulation de ce jugement et l'accord à l'amiable trouvé par la suite entre Microsoft et le département de la Justice sont toujours considérés par de nombreux observateurs comme l'abandon par les pouvoirs publics de la lutte antitrust contre les géants technologiques[90]. » C'est à cette époque que Bill Gates a créé sa fondation. Prise de conscience de sa dette à l'égard de la société ou belle opération marketing? Bill et Melinda Gates ont annoncé que leurs enfants n'hériteraient pas de l'essentiel de leur fortune, qui ira à des œuvres de charité. Mark Zuckerberg a déclaré qu'il céderait 90 à 99 % des actions de Facebook de son vivant. Quand? Il ne l'a pas précisé. À qui? Pas plus...

Facebook a été visé par plusieurs amendes par l'État fédéral américain, mais comme l'explique Gilles Babinet, ces amendes ne suffisent pas : « Le jour où l'amende de 5 milliards de dollars a été décidée, le cours de l'action Facebook s'est envolé. Les traders s'attendaient à ce que la Commission fédérale du commerce américaine frappe fort et fixe une amende très élevée. Ce jour-là, la création de valeur boursière a été nettement supérieure à 5 milliards de dollars, donc Facebook s'en est plutôt bien sorti[91]. » Face à ce sentiment d'impunité des dirigeants, il propose que ces derniers « aient peur d'aller en prison ».

Qu'il s'agisse de plaider leur cause devant la justice ou d'étudier les possibilités d'évasion fiscale, les géants du numérique ont les moyens de payer extrêmement cher les meilleurs avocats. Les sommes qu'ils dépensent dans ces procédures ne sont rien en comparaison à ce que cela leur permet d'économiser. En face, les États doivent compter sur la perspicacité, le dévouement de fonctionnaires dont les revenus sont plafonnés et dont le nombre l'est également au nom de la rigueur budgétaire. Il y a une sorte de cercle vicieux, l'attrition des moyens rend difficile la possibilité de les recouvrer.

Mi-juillet 2020, l'État de Californie où se situe le siège d'Alphabet a rejoint une coalition de 51 États et territoires ayant ouvert une enquête sur les pratiques de Google en septembre 2019, accusant la firme d'étouffer la concurrence. Le département américain de la Justice enquête dans le même sens. C'est également le cas de plusieurs pays européens et de la Commission européenne. « Face au juge, le champion du lobbying a débauché à tours de bras des spécialistes de l'antitrust au sein même de l'administration[92]. » Une pratique de *revolving doors* qui s'est fortement accrue récemment, selon l'expert antitrust Hal Singer. Débaucher les talents du domaine public en leur offrant des rémunérations plus confortables est une pratique courante, mais là il s'agit de profiter de leurs compétences pour déjouer la loi et l'intérêt général. Pour rappel, la capitalisation d'Alphabet est de 1 000 milliards de dollars et le moteur de recherche Google est utilisé par 1,7 milliard de personnes. Les tribunaux vont-ils l'emporter ? Et si oui, au bout de combien d'années de procédure ? Ken Paxton, procureur général du Texas en charge de l'enquête des 51 États et territoires américains à l'encontre de Google, a accusé la firme californienne de « dominer tous les aspects de la publicité sur Internet et de la recherche[93] ».

Début octobre 2020, après 16 mois d'enquêtes, le comité antitrust de la Chambre des représentants des États-Unis, où les démocrates sont majoritaires, publiait un rapport de 449 pages, véritable réquisitoire contre les GAFAM. Elles sont accusées de tactiques anticoncurrentielles et de mener des acquisitions prédatrices pour tuer la concurrence. « Le résultat est moins d'innovation, moins de choix pour les consommateurs et une démocratie affaiblie, écrivent les parlementaires. Ces entreprises qui étaient jadis des start-up rebelles sont devenues des monopoles que nous ne connaissions plus depuis l'époque des barons du pétrole (qui) exercent leur domination de manière à éroder l'esprit d'entreprise, à dégrader la vie privée des Américains et à saper le dynamisme de la presse libre. Entre 2011 et septembre 2019, les GAFAM ont acquis 667 entreprises, soit environ une entreprise tous les 10 jours, dont une grande majorité de start-up[94]. »

Ils préconisent des mesures sévères pour restaurer la concurrence : obliger Facebook à se séparer d'Instagram et Google à se séparer de YouTube ; interdire à Amazon de promouvoir sur sa plateforme ses services de « *cloud* » (hébergement de données) ; bloquer les acquisitions de nouvelles start-up par ces entreprises et renforcer les lois antitrust[95].

Le 8 décembre 2020, la FTC (Federal Trade Commission), plus de 46 États et le district de Columbia ont accusé Facebook d'acheter des rivaux pour écraser illégalement la concurrence, mettant en cause l'acquisition d'Instagram pour 1 milliard de dollars en 2012 et de WhatsApp pour 19 milliards en 2019. La procureure générale Letitia James a accusé Facebook d'utiliser son monopole pour écraser ses rivaux au détriment des consommateurs. Cela a ouvert la perspective d'un démantèlement de Facebook, qui pourrait être obligé de se séparer d'Instagram et de WhatsApp[96].

Inaction ou impuissance des élus ?

Le 20 octobre 2020, le département américain de la Justice accusait Google de protéger son monopole sur la recherche et la publicité en ligne, dont il possède 90 % du marché notamment grâce à des accords avec Apple – pour un montant de 9 milliards de dollars par an – pour installer par défaut le moteur de recherche de Google sur Safari, le navigateur d'Apple. C'est le défi le plus significatif pour le gouvernement face à un géant digital depuis une génération, et il pourrait avoir un impact significatif sur la façon dont les consommateurs utilisent Internet[97].

L'agacement des élus américains face au pouvoir des géants du digital est largement partagé, d'Elisabeth Warren à Donald Trump. Onze États se sont associés à la plainte du département de la Justice d'octobre 2020. Ils sont tous dirigés par des républicains, certains démocrates sont plus favorables aux firmes du digital (qui sont généreuses et qui financent leurs campagnes).

Jusqu'où pourra aller ce mouvement ? Joe Biden y mettra-t-il fin, lui qui entretient de bonnes relations avec les GAFAM qui l'ont soutenu ? Pour Gilles Babinet, le salut, y compris de l'Europe, vient de là : « On ne pourra pas démanteler les GAFAM à partir de l'Europe, ce serait vu comme une déclaration de guerre par les Américains. Il faut que de tels changements viennent des États-Unis par la voie de la régulation et de la lutte antitrust. Il faut accompagner le mouvement du Congrès et de la FTC (Federal Trade Commission) en appuyant sur l'étiolement de l'innovation. Il y a deux fois moins de start-up financées aujourd'hui aux États-Unis qu'en 2006[98]. »

Les GAFAM vont tout faire pour s'opposer à cette menace virtuelle mais bien réelle qui pèse sur leur croissance. Ils vont probablement renforcer leurs budgets de lobbying et de communication et sortir de leur manche un argument massue, de nature à rassembler démocrates et républicains : « Ne nous coupez pas les ailes, car ce sont les Chinois qui vont alors gagner. » Ils vont jouer sur l'angoisse suscitée de façon généralisée dans la classe politique américaine, tous courants confondus, ainsi que dans les médias et l'opinion publique pour une fois réunis dans la crainte existentielle d'être rattrapés puis dépassés par la Chine. Selon Philippe Coste : « Au départ, ces entreprises se voulaient universalistes, et c'est la concurrence chinoise qui leur a fait découvrir qu'elles étaient américaines. L'argument des GAFAM est "ne nous tirez pas dessus, nous sommes le bouclier antichinois"[99]. » Mais on peut aussi se demander si, non régulées, les GAFAM posent bien plus qu'un problème de concurrence : une menace pour la démocratie. C'est le sens des lois antitrust[100].

Des États dans l'État

L'efficacité des États surpassée

Le site *The Verge* publiait fin 2018 une enquête sur Amazon : « Pour les vendeurs, Amazon est un quasi-État. Ils s'appuient sur son infrastructure – ses entrepôts, son réseau d'exposition, ses systèmes financiers et son portail vers des millions de clients –, ils payent des taxes sous forme de redevances. Ils vivent également dans la terreur de ses règles qui changent souvent et sont sévèrement appliquées[101]. » Mark Zuckerberg déclarait pour sa part en 2010 : « À bien des égards, Facebook ressemble davantage à un gouvernement qu'à une entreprise traditionnelle. Nous avons cette grande communauté de personnes, et plus que d'autres entreprises technologiques, nous définissons réellement des politiques[102]. »

Pour Laurent Alexandre, « la terrible vérité est que les technologies numériques délivrées par les GAFAM rendent plus de service aux citoyens que n'importe quelle administration. Demain, les GAFAM iront plus loin : grâce à l'intelligence artificielle, ils fourniront des services de santé et d'éducation meilleurs que le service public. Le décalage entre le travail de recherche et développement des GAFAM et les évolutions poussives de la démocratie est de plus en plus frappant[103]. » Les États pourraient-ils être tentés de déléguer aux GAFAM certaines fonctions par souci d'efficacité ?

« Facebook permet une authentification des personnes qui n'a pas d'égale en qualité et pourrait devenir incontournable. Le Royaume-Uni envisage d'ailleurs de l'utiliser pour l'accès aux services publics en ligne. La maîtrise des données est en fin de compte liée à la sécurité et à l'indépendance nationale[104]. » Les propriétaires des empires digitaux sont (auto)persuadés que leur entreprise rend des services que les États sont incapables d'apporter. Ils servent donc selon eux l'intérêt général en se développant. Il est vrai que de nombreux services sont utiles et gratuits. Est-il dès lors gênant que, de surcroît, ils rapportent de l'argent à ceux qui les ont créés ?

Comme le précise Gilles Babinet : « Ce qui devient plus ambigu, c'est lorsque Google normalise des pratiques qui relevaient jusqu'alors des États ; c'est lorsque Google définit les standards de régulation de la vie privée, souvent sans que le consommateur, le citoyen ou les États qui les représentent n'aient leur mot à dire[105]. » Il ajoute : « Régulièrement, Larry Page ne se cache pas d'avoir le projet de concurrencer les missions des États eux-mêmes. »

Le Danemark, la France, ont nommé des ambassadeurs pour le numérique (la France est habituée à nommer des ambassadeurs thématiques[106]). Face au poids des GAFAM, il est nécessaire que les États s'organisent et adaptent leur outil diplomatique aux nouvelles réalités. Comme le souligne Gaspard Koenig : « Est-il plus important pour le Danemark d'être représenté à Athènes ou à Palo Alto[107] ? » Encore faut-il être pris en considération, ce qui n'est pas évident. Le diplomate danois avait réuni « des collègues de vingt-deux pays différents pour conduire des entretiens au siège de l'un des GAFAM qui a proposé d'envoyer... son stagiaire le plus haut placé! Et quand le Premier ministre danois a voulu rencontrer à Davos les responsables de Facebook et Google, il s'est tout simplement fait éconduire[108] ».

Si Jeff Bezos est détesté par Donald Trump, ce n'est pas parce qu'il maltraite ses employés, c'est parce qu'il possède le *Washington Post*, très critique envers Trump. En règle générale, les GAFAM ont des valeurs libérales favorables à la protection du climat ou à l'accueil des étrangers. Engagement moral et intérêts se rejoignent: les GAFAM ont besoin d'attirer les talents étrangers pour rester les plus compétitives possible. Leur succès est en partie dû au *brain drain* qu'elles ont su mettre en place en attirant, souvent une fois que leur formation a été financée par d'autres, les meilleurs talents étrangers. Steve Jobs, Elon Musk ou Sergey Brin, respectivement fondateurs d'Apple, Tesla/SpaceX et Google, sont des immigrés ou enfants d'immigrés.

Des bienfaiteurs de l'humanité?

Bill Gates et sa fondation

Si les prises de position et les actions de Bill Gates concernant les défis sanitaires mondiaux sont, depuis qu'il a abandonné la présidence exécutive de Microsoft pour prendre celle de sa fondation, tout à fait appréciables, les autres milliardaires font le bien d'un côté mais ont des pratiques tout à fait contestables, critiquables et parfois déplorables de l'autre. En fait, l'importance grandissante de ces milliardaires capricieux est problématique, car cela pose la question de savoir qui les contrôle. À l'inverse des États.

Bien sûr, on peut se dire qu'en fin de compte, Bill Gates est préférable à Donald Trump. Gates cherche en effet depuis longtemps déjà, à travers sa fondation, à participer à l'amélioration des conditions de vie, et il dépense des fortunes pour améliorer la situation sanitaire, en Afrique notamment, à travers ses nombreuses campagnes de vaccination. Il a donc une attitude plus cohérente sur les questions de santé mondiale que le président américain actuel, et c'est appréciable. Au début de la pandémie de Covid-19, deux images très différentes ont été données des États-Unis : lorsque la brute Trump montre un visage égoïste et agressif, Bill Gates incarne la générosité et l'attention portée à autrui. Il fait bien plus pour la popularité des États-Unis qu'aucun des officiels, surtout de l'administration Trump. Sa générosité n'est sans doute pas feinte, sa cohérence dans la lutte en faveur de l'amélioration de la situation sanitaire notamment en Afrique est de longue date. On ne peut que se féliciter de l'engagement de Bill Gates et de son épouse dans la lutte contre les pandémies. Il s'agit de la décision personnelle d'un individu. Elle peut être positive ou négative, aucune obligation ne pèse sur lui comme sur un État. Il fait ce qu'il veut de son argent, comme tous les milliardaires. Leurs fortunes peuvent aider à lutter contre le Covid-19 ou à se payer un yacht plus grand que celui du voisin et concurrent. Si le comportement de Bill Gates, quelles que soient les conditions de la constitution de sa fortune, est louable, ce n'est pas tout à fait le cas de Jeff Bezos ou d'Elon Musk.

Bezos pour le climat?

Le 17 février 2020, Jeff Bezos annonçait la création du Bezos Earth Fund en déclarant : « Le changement climatique est la plus grande menace pour notre planète... Cette initiative mondiale financera des scientifiques, des militants, des ONG – tout effort qui offre une véritable possibilité d'aider à préserver et à protéger la nature. Nous pouvons sauver la terre[109]. » Une déclaration tout simplement signée « Jeff ». L'homme dont la fortune était à l'époque estimée à 130 milliards de dollars annonçait qu'il allait consacrer 10 milliards de dollars à cette cause, sans préciser de calendrier ni de procédure de vérification ou de critères d'attribution. Mais peu avant, 300 employés d'Amazon avaient contesté la politique environnementale du groupe. Le modèle de livraison à grande échelle n'est effectivement pas très bon pour l'empreinte carbone. Par ailleurs, les salariés indiquaient : « Les habitants de la Terre doivent savoir : quand Amazon arrêtera-t-il d'aider les compagnies pétrolières et gazières à ravager la Terre ? » Jeff Bezos n'a par ailleurs pas signé l'appel de Bill Gates et Warren Buffet invitant les milliardaires à donner la moitié de leur fortune à des institutions de bienfaisance.

Elon Musk dans l'espace

Elon Musk, de son côté, est-il un fanfaron mégalomane ou un visionnaire ? L'un n'empêche pas l'autre. Il a prouvé en tout cas qu'il avait des capacités de rebond, un flair, un sens de l'anticipation, une détermination hors du commun. La vente de la société PayPal qu'il avait développée lui a rapporté 180 millions de dollars qu'il a réinvestis dans les sociétés privées SpaceX, qui se lance dans la conquête spatiale, et Tesla, qui développe des voitures électriques. Jusqu'en 2008, cela ne fonctionne pas très bien : les ventes de voitures ne décollent pas plus que les fusées. Elon Musk a eu l'idée de réutiliser le premier étage récupéré en mer pour abaisser les coûts, mais les trois premiers lancements sont des échecs. Le quatrième réussit, le sauvant *in extremis* de la faillite. La même année, la NASA passe avec SpaceX un contrat commercial de fusées-cargo pour 1,5 milliard de dollars, et Daimler et Toyota entrent au capital de Tesla dont ils ressortiront par la suite, s'estimant trop concurrencés.

Musk est désormais (en 2020) à la tête d'une fortune de 20 milliards de dollars. Il a placé 300 satellites en orbite. La capitalisation de Tesla est supérieure à celle des trois géants automobiles américains General Motors, Ford et Chrysler. Le 30 mai, pour rejoindre le pas de tir de la fusée Falcon 9 à Cap Canaveral, les astronautes Bob Behnken et Doug Hurley ont utilisé deux Tesla blanches siglées NASA et ISS. SpaceX allait réussir son premier vol habité vers la station spatiale internationale (ISS). Le 15 novembre 2020, une fusée Falcon de SpaceX envoyait trois astronautes américains et un japonais rejoindre l'ISS : la NASA s'affranchissait de sa dépendance à la Russie pour les vols habités en les confiant à un opérateur privé américain.

Elon Musk a encore d'autres motifs de s'intéresser au domaine spatial. Aller habiter sur Mars pourrait tout simplement être une alternative aux deux catastrophes virtuelles qui menacent les habitants de la Terre : la fin des ressources naturelles ou une troisième guerre mondiale. « Nous voulons nous assurer qu'il reste ailleurs (que sur Terre) une graine de civilisation humaine, de manière à pouvoir ramener la civilisation, et peut-être ainsi raccourcir la durée de l'Âge sombre », déclarait-il en tant qu'invité surprise au festival SXSW en 2018[110]. Dans le podcast « Third Row Tesla », il développe sa vision de la vie sur Mars : une démocratie directe, un emploi florissant, une nourriture cultivée dans des fermes hydroponiques à énergie solaire[111]. Il prévoit qu'il faudrait quarante à cent ans pour créer une civilisation autonome d'un million de personnes, le coût du voyage serait de 200 000 dollars et la colonisation serait assurée par des vaisseaux capables de transporter 100 tonnes de charges par vol et d'assurer trois vols par jour.

Le multilatéraliste Obama avait ouvert une brèche en 2015 en faisant adopter le *Space Act* qui permet aux citoyens américains d'entreprendre l'exploration et l'exploitation commerciale des ressources spatiales. Le traité de 1967 sur l'espace, l'un des premiers traités de maîtrise des armements, prévoyait l'interdiction d'y déployer des armes nucléaires et surtout la liberté d'accès de tous les États à l'espace extra-atmosphérique sans qu'il puisse faire l'objet d'appropriation. Les opérateurs privés vont-ils briser cette règle de non-appropriation ?

Selon François Saltiel, des documents internes à SpaceX révèlent que l'entreprise chercherait à imposer son propre système législatif si elle parvenait à mettre en premier le pied sur la planète Mars[112].

Peter Thiel, cofondateur de PayPal et administrateur de Facebook, va même plus loin : « Entre le cyberespace et l'espace extra-atmosphérique se trouve la possibilité de coloniser les océans[113]. » Alors que dans un monde bipolaire où la rivalité stratégique était au plus fort, les États ont eu la sagesse de soustraire à l'appropriation nationale de nombreux espaces (Antarctique, haute mer, espace extra-atmosphérique), la menace d'une appropriation privée par des milliardaires du digital devient réelle.

Le risque de l'oligarchie

Rendre des comptes

Donald Trump, tout disruptif qu'il soit, doit rendre des comptes aux électeurs américains. C'est le cas de tous les dirigeants des États démocratiques. Même dans les pays autoritaires, les dirigeants doivent rendre des comptes à leurs citoyens, y compris en Chine, qui n'est évidemment pas une démocratie : Xi Jinping a été par exemple mis en cause au sujet de sa politique de lutte contre le Covid-19. Les Chinois se font entendre sur les sujets de protection de l'environnement ou de corruption. Au sein de tous les États, à l'exception peut-être de la Corée du Nord, à des degrés divers, les dirigeants ont l'obligation de rendre des comptes.

Les milliardaires n'ont de comptes à rendre à personne, sauf à eux-mêmes ou éventuellement à leur famille. Ils utilisent donc leur fortune à des fins personnelles comme bon leur semble. Le danger de leur importance grandissante est que sans aucun contrôle sur leur activité, au moment où l'on se bat pour faire progresser la démocratie, se crée finalement une oligarchie de milliardaires à l'échelle mondiale, capables de faire ce qu'ils veulent. Peter Thiel, nous l'avons vu, rêve ainsi de créer son propre État à partir d'îles artificielles dans le Pacifique et sur lequel les autorités fédérales américaines n'auraient aucune prise.

Cette oligarchie s'accompagnerait ainsi de masses informes qui n'auraient pas le droit à la parole et seraient soumises au bon vouloir et à la générosité, parfois intéressée, des acteurs oligarchiques.

Le problème est que l'on met ici en avant la charité par rapport à l'équité. Le rôle des États est d'assurer l'équité et de s'intéresser à l'ensemble des citoyens ; si ce n'est pas le cas, les citoyens ont les moyens de se faire entendre. Mais un milliardaire fait la charité seulement si bon lui semble. Sans contrôle de la part des sociétés civiles et des États, l'oligarchie risque de s'imposer graduellement, décidant entièrement de nos sorts. Ce que l'on a gagné en démocratie au niveau des États serait alors perdu auprès d'acteurs non étatiques tout aussi importants, mais sur lesquels on n'exercerait aucun contrôle.

Certains pourraient se réjouir de voir remis en cause le pouvoir des États. Les entreprises digitales seront-elles le stade suprême de l'ultralibéralisme ?

Une toute-puissance inéluctable ?

Alors que le monde entier s'enfonçait dans une terrible récession du fait de la pandémie de Covid-19, les géants digitaux américains annonçaient pour le deuxième trimestre 2020 des résultats positifs records. Amazon avait augmenté ses ventes de 40 % par rapport à l'année précédente et son profit avait doublé. Bien que de nombreux magasins Apple aient été fermés, la firme annonçait une hausse de ses ventes et un bénéfice de 11,25 milliards de dollars. Si les recettes de Facebook avaient grimpé de 11 %, les profits avaient bondi de 98 % pour représenter 5,2 milliards de dollars. Alphabet (Google) a été atteint par la chute des dépenses publicitaires et avait vu son bénéfice trimestriel diminuer pour néanmoins afficher 6,96 milliards de dollars de bénéfices.

Comme nous l'avons souligné, entre le 18 mars 2020 et le 19 mai, la valeur nette des 600 plus grosses fortunes américaines a augmenté de 434 milliards de dollars, soit une hausse de 15 %.

La fortune des cinq premiers milliardaires américains, Jeff Bezos, Bill Gates, Mark Zuckerberg, Warren Buffet et Larry Ellison, a augmenté de 75 milliards dans le même temps. Alors qu'une commission antitrust du Congrès américain avait mis sur le gril le 29 juillet 2020 Jeff Bezos, Mark Zuckerberg, Tim Cook (Apple) et Sundar Pichai (Alphabet) quant à leurs pratiques commerciales et à leur puissance dans le marché, leurs quatre compagnies affichaient un bénéfice pour le trimestre de 28,6 milliards. Leurs capitalisations boursières cumulées dépassaient les 5 trilliards de dollars. Si leur convocation devant le Congrès était historique, le *New York Times* remarquait en mai 2020 que « les investigations antitrust prenaient des années, surtout si les régulateurs s'essayaient à des mesures drastiques comme le démantèlement des compagnies visées ».

Mark Zuckerberg était qualifié par le journaliste Charlie Warzel de « *most powerful unelected man in America*[114] ». Le fondateur de Facebook avait d'ailleurs été tenté de se présenter à la présidence des États-Unis après la défaite de Hillary Clinton. En janvier 2017, il s'était lancé dans un tour du pays, largement documenté sur sa page Facebook. Jusqu'ici, il n'allait pas au contact du public. Les démocrates étaient alors atomisés et Donald Trump révulsait beaucoup d'Américains sensés. La tournée de Zuckerberg avait été analysée comme une « précampagne ». Il avait engagé David Plouffe, ancien responsable de la campagne d'Obama. Y a-t-il renoncé face aux incertitudes et à la difficulté de la tâche? Ou a-t-il simplement compris qu'il était déjà l'homme le plus puissant des États-Unis, qu'il soit ou non élu?

Les GAFAM sont habiles. Ils promettent de créer des emplois en Europe, ils susurrent aux gouvernements qu'ils peuvent les aider dans leurs relations avec les autorités américaines, avec le Congrès, etc.

Pour Gilles Babinet: « Il faut moderniser de façon très forte les États, sinon les GAFAM vont se glisser dans les interstices et gagner la partie[115]. » Il faut peut-être réfléchir un peu à la tendance globale à affaiblir les États de l'intérieur en les présentant comme le problème et le marché comme la solution. Il faut moderniser l'État, sauf à le voir être ringardisé et disparaître à terme. La régulation ne peut en aucun cas venir du marché.

On peut penser que la partie est perdue d'avance, que les géants digitaux offrent des services appréciés des consommateurs, que le consommateur l'emporte de plus en plus sur le citoyen, que l'avance prise par les GAFAM et leurs analogues chinois est telle qu'il est impossible de revenir en arrière. Ce serait là un monde où l'on pourrait vite passer du rêve digital au cauchemar de l'exclusion et de l'étouffement des libertés. Il est encore temps d'agir.

Chapitre 4

Printemps des libertés
ou hiver totalitaire?

Deux analyses s'opposent s'agissant de l'influence, négative ou positive mais toujours radicale, de l'IA sur la démocratie, les libertés individuelles et collectives.

L'IA, et plus largement les nouvelles technologies de l'information et de la communication qu'elle vient nourrir et développer, vont-elles offrir à chaque être humain le moyen de prendre son destin en main, de s'informer, de s'exprimer et de se déterminer sans réserve? L'accès à l'information ne sera alors plus entravé par des contraintes politiques ou économiques. Il sera généralisé, abondant et égalitaire. Va-t-elle permettre de fortes mobilisations qui ont besoin de peu de moyens si les objectifs sont, dans l'intérêt général, capables de renverser tyrans et despotes à tous les échelons ? Ou sera-t-elle à l'inverse le moyen d'asservir les populations, de les surveiller dans leurs moindres gestes quotidiens, brisant toutes les intimités, et mettant en place un système totalitaire où il n'existe plus aucun espace ? Pourra-t-on traquer avec précision les opposants en s'immisçant dans leurs courriers et mails personnels, en suivant leurs déplacements pas à pas ?

La démocratie en danger ?

Vers une surveillance absolue

Pour Pierre Bellanger, fondateur et président du groupe radiophonique Skyrock, « de nos jours, la NSA dispose de plus d'informations sur les citoyens allemands que la STASI du temps de l'ex-RDA[116] ». Il estime également que « la fusion des services de renseignement avec les entreprises commerciales du Big Data augure une forme de gouvernement mondial, et ce seul fait constitue une menace pour la démocratie[117] ».

Eric Schmidt, président exécutif du conseil d'administration de Google de 2001 à 2011, déclarait de fait à Berlin en 2010 : « Nous savons où vous êtes, nous savons où vous étiez, et nous savons plus ou moins ce que vous pensez[118]. » Vinton Cerf, un des pères d'Internet et vice-président de Google, estime de son côté que « la vie privée est peut-être une anomalie[119] ». L'ancien bras droit de Mark Zuckerberg Roger McNamee, auteur du livre *Facebook, la catastrophe annoncée*[120], déclare : « Nous avons laissé le secteur nous imposer ses propres règles. C'était également une erreur. Nous lui avons fait confiance en pensant que ni les utilisateurs ni la démocratie n'en souffriraient. C'était une erreur monumentale que nous n'avons pas encore corrigée[121]. »

Éric Schmidt se veut plus péremptoire que rassurant: « Si vous souhaitez que personne ne soit au courant de certaines choses que vous faites, peut-être que vous ne devriez tout simplement pas les faire[122]. » Cette phrase est en réalité la négation de la vie privée sous couvert de protection de l'ordre public. Selon François Saltiel, « les GAFAM sont devenus pour la NSA l'extraordinaire *open bar* des données personnelles (photos, courriers, vidéos, documents) où l'agence peut se servir avec ivresse et gourmandise[123] ».

Pourtant, le même Éric Schmidt, dans son livre coécrit avec Jared Cohen, se montre plus optimiste: « Internet est la plus grande expérience impliquant l'anarchie dans l'Histoire. Des centaines de millions de personnes sont chaque minute en train de créer et de consommer des quantités infinies de contenus digitaux dans un monde *online* qui n'est pas tenu par des lois territoriales[124]. » Pour les deux auteurs, les gouvernements autoritaires trouveront leurs peuples nouvellement connectés plus difficiles à contrôler, à réprimer, à influencer, tandis que les États démocratiques seront obligés d'inclure beaucoup plus de voix dans leurs affaires. « Bien sûr, les gouvernements trouveront toujours des moyens d'utiliser les nouveaux outils de collectivité à leur avantage. Mais, du fait de la façon dont la technologie de réseau est structurée, elle joue à l'avantage des citoyens[125]. »

À l'inverse, c'est un cri d'alerte que lancent Marc Dugain et Christophe Labbé à l'encontre de ces propos rassurants. Pour eux, la révolution numérique est un piège, et comme tous les pièges, il est caché, on ne le voit pas. Pire encore, on peut même ne pas se rendre compte d'être tombé dedans. « Derrière ses douces promesses, ses attraits incontestables, la révolution numérique a enclenché un processus de mise à nu de l'individu au profit d'une poignée de multinationales, américaines pour la plupart, les fameux Big Data. Leur intention est de transformer radicalement la société dans laquelle nous vivons et de nous rendre définitivement dépendants[126]. »

« Le recours à l'IA peut porter atteinte aux valeurs sur lesquelles l'UE est fondée et entraîner des violations des droits fondamentaux, tels que les droits à la liberté d'expression et de réunion, la dignité humaine, l'absence de discrimination fondée sur le sexe, l'origine raciale ou ethnique, la religion ou les convictions, le handicap, l'âge ou l'orientation sexuelle, selon le cas, la protection des données à caractère personnel, le respect de la vie privée ou le droit à un recours juridictionnel effectif et à un procès équitable, ainsi que la protection des consommateurs. » C'est le signal alarmant que lance le livre blanc sur l'intelligence artificielle de la Commission européenne[127].

Cambridge Analytica

Cambridge Analytica, société de publication stratégique combinant des outils d'exploration et d'analyse des données, avait été accusé d'avoir illégalement influencé des millions de Britanniques, permettant ainsi le succès du Brexit au référendum de juin 2016. La société d'analyse de données a été blanchie. Elizabeth Denham, la commissaire britannique à l'information en charge de faire respecter le droit à l'information, a conclu après une enquête de trois ans que l'entreprise n'avait pas été « impliquée dans la campagne du référendum de l'UE au Royaume-Uni, au-delà de certaines enquêtes initiales sur l'analyse de données sur les adhérents de l'Ukip ». « Ses équipes ont épluché 42 ordinateurs, 31 serveurs informatiques, 700 téraoctets de données et plus de 300 000 documents[128]. » Il n'en reste pas moins, et c'est scandaleux, que la firme a utilisé les données des utilisateurs à leur insu. Si le scandale se concentre d'abord sur l'entreprise britannique, il révèle rapidement les failles de Facebook qui autorisait à l'époque la captation de données, ce qu'a su exploiter Cambridge Analytica. Le laisser-faire de Facebook a alors été dénoncé, l'entreprise étant en parallèle accusée de ne pas avoir suffisamment lutté contre la diffusion de fausses informations lors des campagnes de 2016 au Royaume-Uni et aux États-Unis. Mark Zuckerberg sera obligé de s'expliquer face au Congrès et de s'excuser publiquement. Finalement, l'affaire Cambridge Analytica a déclenché une prise de conscience d'ampleur, aussi bien par les gouvernements que par l'opinion publique, s'agissant de l'usage et de la captation de données personnelles.

Le risque existe de transformer le citoyen en consommateur passif en tuant son libre arbitre et en l'emprisonnant à son insu, ou avec son acceptation non consciente, en une machine à acheter et consommer sans réflexion ni recul. Il sera robotisé et lobotomisé – plus de risque de révolte... Cela avec d'autant plus d'efficacité qu'il aurait le sentiment d'effectuer volontairement des actes pour lesquels il aurait en réalité été conditionné.

1984 2.0 ?

Christophe Victor rappelle : « Facebook a mené une étude en 2015 auprès de 86 220 volontaires ayant un compte et ayant accepté de répondre à un questionnaire de personnalité. L'algorithme a cherché à prédire les réponses des utilisateurs du réseau social en fonction de leurs *j'aime* sur leur page web. Ces prédictions ont ensuite été comparées à celle de leurs collègues, amis, parents ou conjoints. Les résultats sont édifiants : il suffit de 10 *j'aime* à la machine pour donner de meilleures réponses que les collègues de travail, 70 pour surpasser les amis, 150 pour faire mieux que les membres de la famille et 300 pour dépasser le conjoint[129]. »

Un tel résultat est fascinant et inquiétant à la fois. La machine qui n'est pas douée de sentiments nous connaît mieux que nous-même, notre conjoint ou nos amis. La notion de libre arbitre pourrait dès lors être remise en cause et déboucher sur une société où, à la limite, les applications ne nous aideraient pas à lier de nouvelles connaissances ou faire de nouvelles conquêtes, mais nous désignerait ceux avec qui nous pourrions avoir des relations amicales ou de couple. L'algorithme, parfaitement informé des affinités possibles, déterminerait ceux avec lesquels nous pourrions partager notre affect[130]. Cela confirme l'hypothèse de Dugain et Labbé : « L'objectif des Big Data est ni plus ni moins de débarrasser le monde de son imprévisibilité, d'en finir avec la force du hasard[131]. »

Georges Orwell n'aurait pas pu imaginer, lorsqu'il écrivit son roman *1984* – en 1948 – que les moyens d'un contrôle aussi total puissent un jour exister. « Qu'est-ce que vous préférez? Être en sécurité ou éviter d'être scanné par une intelligence artificielle? » demandait Eylon Etshtein, P.-D.G. de la start-up israélienne AnyVision dans le cadre du reportage « Tous surveillés » diffusé sur Arte[132]. Plus nécessaire de filer les opposants, de subtiliser leurs courriers, tout est disponible: les contacts qu'ils ont eus, les endroits où ils se sont déplacés et les conversations qu'ils ont tenues. Il en va de même pour tous les citoyens. *Big Brother* peut savoir où vous êtes allé, qui vous avez vu, ce que vous avez acheté, ce que vous aimez ou n'aimez pas, vos goûts culinaires, votre orientation sexuelle, votre vie privée, et bien sûr vos opinions politiques. On s'imagine aisément le profit qu'auraient pu tirer Staline ou Mao de ces technologies. Au lieu de soupçonner tout le monde de façon paranoïaque, ils auraient vraiment su qui avait réellement dit ou non du mal d'eux et de leur régime. À propos des 600 millions de caméras de surveillance installées en Chine, le documentaire diffusé sur Arte évoque « un régime d'un nouveau genre: le totalitarisme numérique[133] ». Le fait qu'il semble être en grande majorité accepté par la population est-il réconfortant ou encore plus inquiétant?

Réseaux sociaux et mobilisations populaires

Un vent de liberté

Pour d'autres, les NTIC sont un moyen formidable de mobilisation face aux pouvoirs. Même dans les pays démocratiques où la presse est libre, avoir accès aux médias centraux n'est pas donné à tous. Désormais, plus besoin de lever des fonds pour créer un média, vous pouvez le faire en quelques clics. Si votre idée est bonne et qu'elle suscite l'intérêt général, elle sera reprise et vous pourrez créer un mouvement. Terminés les tracts clandestins cachés sous le manteau dans les régimes répressifs, plus besoin de se lever dès potron-minet pour en distribuer à l'entrée des usines. Andreï Gratchev rappelle que lorsque Gorbatchev est arrivé au pouvoir en URSS en mars 1985, l'information sur les questions internationales des membres du Politburo du PCUS dépendait du tri des dépêches de journaux que faisaient une demi-douzaine de fonctionnaires du ministère des Affaires étrangères[134]. Un tel monopole sur l'information n'existe plus qu'en Corée du Nord.

Les réseaux sociaux peuvent permettre de se faire entendre à ceux qui, d'ordinaire, n'ont pas accès à la parole. C'est bien parce que la Tunisie était le pays arabe où les réseaux sociaux étaient le plus répandus, avec une population alphabétisée et disposant d'une classe moyenne nombreuse, que le Printemps arabe y est né. Ben Ali serait peut-être encore au pouvoir sans les réseaux sociaux. Ces derniers ont également joué un rôle fondamental dans la chute d'Hosni Moubarak en Égypte, et dans le déclenchement de la révolution syrienne que Bachar el-Assad a noyée dans le sang.

Plus récemment, en 2019, du Chili au Liban, les réseaux sociaux ont été l'arme de ceux qui n'ont pas accès aux médias. Si le système politique l'a pour le moment emporté au Liban, au Chili, la mobilisation a conduit à abandonner la constitution héritée du sinistre Pinochet pour en adopter une nouvelle. En Algérie, le *Hirak* en est largement le résultat, permettant qu'un peuple qu'on croyait résigné crie tout à coup sa colère et le caractère inacceptable pour lui d'un cinquième mandat d'un président pourtant impotent. Au Soudan, ils ont aidé à mettre fin au régime militaire. Sans qu'on ne puisse établir une véritable comparaison, la mobilisation des gilets jaunes en France a été permise par les réseaux sociaux. Ces manifestants n'ont eu accès (insatisfaisant et insuffisant à leurs yeux) aux médias traditionnels qu'une fois que leur mobilisation s'est révélée importante. À Hong Kong, c'est par les réseaux sociaux que la jeunesse a défié le pouvoir des autorités locales et de Pékin[135]. Partout, parfois pour des motifs qu'on peut à tort considérer comme anecdotiques (augmentation du prix du ticket de métro, de l'essence, taxe sur WhatsApp), ou plus essentiels (déni ouvertement affirmé de la démocratie), les populations se sont révoltées et se sont mobilisées rapidement et largement grâce aux réseaux sociaux. Au Cachemire, lorsqu'à l'été 2019 l'armée indienne a repris le contrôle absolu du territoire, le premier réflexe a été de couper tous les réseaux sociaux pour isoler la population et empêcher toute contestation.

Les réseaux sociaux permettent une information décentralisée. Chaque individu devient à la fois récepteur et émetteur d'information. Ils permettent également de mettre en place une mobilisation horizontale. Si votre idée est jugée légitime par vos concitoyens, vous pouvez leur faire part de revendications dans lesquelles ils vont se reconnaître. Vous pourrez aisément fixer des lieux de manifestation, faire circuler des slogans.

La limite, on le voit entre autres en Algérie, est la difficulté à faire émerger de véritables leaders. Les réseaux sociaux permettent une circulation des idées plus large, plus rapide et non contrôlée par le haut. Au Nigeria, la jeunesse se plaignait des exactions répétées d'une unité d'intervention de la police chargée de la sécurité nocturne de Lagos, et qui en réalité molestait et même rançonnait les jeunes qui avaient le malheur de tomber sur elle. Une mobilisation express sur les réseaux sociaux a conduit le président à la démanteler en octobre 2020.

Le mouvement *#MeToo* a joué un rôle fondamental dans la lutte contre les violences sexuelles dans les pays occidentaux. Pour faire face à des prédateurs sexuels bénéficiant de l'immunité et souvent de solides réseaux dans la presse mainstream, les réseaux sociaux ont permis de dynamiter la loi du silence. Le mouvement a d'ailleurs débordé des seuls pays occidentaux. Ainsi, les Chinoises ne pouvant pas manifester dans la rue, les réseaux sociaux constituent pour elle un terrain de lutte indispensable[136].

Filmer les violences des forces de sécurité et poster les vidéos sur les réseaux sociaux est souvent le meilleur moyen de dénoncer des répressions inadmissibles qui sinon auraient été passées sous silence. Les crimes de Bachar el-Assad ont été connus grâce à eux. Sans les réseaux sociaux et la faculté de filmer un évènement, donnée désormais à chaque possesseur d'un téléphone portable, le mouvement Black Lives Matter n'aurait pas pris naissance aux États-Unis. En Israël/Palestine, l'association pacifiste B'tselem a ainsi distribué aux Palestiniens des petites caméras pour filmer les éventuelles exactions des soldats israéliens aux checkpoints ou ailleurs.

La liberté de la presse a constitué un tournant majeur pour la démocratisation des sociétés. Il y a eu un mouvement dialectique, l'existence d'une presse libre étant l'une des preuves du caractère démocratique d'une société et contribuant à le renforcer. Dans les sociétés totalitaires, il n'y a pas de presse indépendante. Elle est sous contrôle ou quasi inexistante dans les régimes autoritaires. Mais liberté de la presse ne veut pas dire automatiquement que la presse est au service de tous. Et aujourd'hui, le combat pour le libre accès aux réseaux sociaux est aussi un critère de liberté.

Les risques dus aux abus

Le 14 octobre 2020, Gilles Babinet annonçait supprimer définitivement son compte Facebook, tout en reconnaissant qu'il ne l'utilisait plus depuis deux ans et demi. Il invitait ses followers sur Twitter à faire de même. Il disait avoir pris cette décision après avoir vu le documentaire *Derrière nos écrans de fumée*, et précisait : « Entre mille autres choses, ceci : une explosion de la dépression et des suicides chez les adolescents aux États-Unis. Un phénomène que les psychiatres aux États-Unis relient directement aux réseaux sociaux. » Selon lui, « le documentaire met aussi à nu des dynamiques fondamentales de ce type de réseau. Par exemple la polarisation des idées politiques dans le monde. Un phénomène conséquence des bulles d'enfermement sociales bien décrit dans le documentaire ». Il estime que ce type de réseau ne peut être réformé par ceux qui l'ont créé, qu'il met en danger tout débat politique, et que notre capacité à vivre ensemble y perdra. Il conclut : « Nous sommes plus malheureux, nos enfants plus encore que nous. Notre démocratie est en danger. Notre capacité de réfléchir à la complexité est atténuée alors qu'elle devrait être accrue pour faire face aux défis qui s'annoncent. Qu'attend-on ?[137] »

Dans ce documentaire visible sur Netflix, les pionniers de Facebook et des entreprises digitales reconnaissent « qu'ils n'avaient pas imaginé le revers de la médaille ». L'un d'eux admet : « Quand j'étais là-bas, je pensais que j'agissais pour le bien de tous, je n'en suis plus si sûr maintenant. » Le produit est addictif : « Le but est de faire en sorte que vous soyez continuellement sur l'écran, c'est la même méthode que les machines à sous : à chaque fois que vous ouvrez le portable, vous avez une chance de tomber sur le gros lot » ; « Les réseaux sociaux sont une drogue, ils rendent les gens addicts. » ; « Après 2011, le nombre d'adolescents ou de préadolescents qui se sont automutilés a augmenté de 62 % pour les adolescents et de 82 % pour les préadolescents. Le nombre de tentatives de suicide a également fortement augmenté, tout ceci à cause des réseaux sociaux. Ils rentrent de l'école, ils sont scotchés sur leur écran. »

L'effet sur la jeunesse est un problème très sérieux. Mais ce problème ne réside pas tant dans l'existence des réseaux sociaux que dans leur surutilisation. C'est une question d'éducation, de maîtrise, d'apprendre à consommer avec modération.

Le documentaire signale aussi que l'État islamique a recruté par Internet, et que, maintenant, les suprémacistes blancs font de même. Bien sûr, racistes et terroristes utilisent les réseaux sociaux. C'est grâce à eux que les nébuleuses extrémistes se renforcent, permettant des mises en contact, des recrutements, des embrigadements. Des adeptes de Daech aux suprémacistes blancs, dont le terroriste de Christchurch, nombreux sont ceux qui se sont radicalisés sur les réseaux sociaux. Il est désormais avéré que ces derniers servent de plateforme à la diffusion de messages et propos haineux qui viennent nourrir ces mouvements. Un exemple parmi d'autres : en Birmanie, où la moitié de la population est sur Facebook, 150 groupes influents prêchaient la haine des musulmans et des Rohingyas, ce qui a joué un rôle important dans les massacres subis par cette minorité[138]. Mais les mouvements extrémistes utilisent encore bien d'autres choses qu'il n'est pas question de supprimer. Ce ne sont pas ces technologies qui ont créé le terrorisme ni les courants fascistes.

De leur côté, Tariq Krim et Bernard Benhamou, dans un entretien au média en ligne Thinkerview, estiment qu'en « montrant des contenus de plus en plus *hard*, on radicalise les gens, il faut que les gens soient en colère pour avoir un vote extrémiste. Les gens sereins ne votent pas aux extrêmes. Facebook et YouTube radicalisent les gens[139] ». Argument curieux, puisqu'on peut dire exactement la même chose des médias mainstream (*cf.* les nombreuses unes des médias français stigmatisantes sur l'islam). Les réseaux sociaux ont certes permis l'accession au pouvoir de Donald Trump, mais Barack Obama avait largement construit sa victoire en 2008 sur leur utilisation[140].

Réseaux sociaux *vs* médias mainstream

On oppose souvent médias classiques et réseaux sociaux, généralement pour jeter l'opprobre sur les seconds, indignes de confiance, lieux de toutes les manipulations et pépinières de fake news, tandis que les premiers resteraient des références incontournables.

Or, dans les pays démocratiques, les médias centraux appartiennent de moins en moins aux journalistes et de plus en plus aux grandes forteresses. Aux États-Unis, Jeff Bezos a racheté le *Washington Post*. L'empire Murdoch règne sur la presse anglo-saxonne. En France, on est passé d'une presse largement aux mains des rédactions après 1945 à une presse contrôlée par des milliardaires aujourd'hui. Si la Russie et l'Ukraine ne s'entendent pas, les deux pays ont le point commun d'avoir des oligarques qui contrôlent la majeure partie des médias. Un milliardaire israélien ultraconservateur, Sheldon Adelson, a lancé le quotidien gratuit *Israël Hayon* pour soutenir Netanyahou. En Chine, au Vietnam ou à Cuba, les médias sont étatiques. Bien sûr, les rédactions des pays européens tentent de dresser des barrières d'indépendance vis-à-vis de leur propriétaire. Cela peut fonctionner, mais l'autocensure est parfois plus forte que la censure. Enfin, il peut exister un effet endogamique qui fait que les rédactions ne sont pas toujours en phase avec le reste de la population. Si la parité a progressé dans les médias français par exemple, la diversité peine toujours à se faire une place.

Les réseaux sociaux, moins sensibles à cette endogamie, peuvent ainsi servir de correcteurs aux médias mainstream. Si ces derniers hésitent à traiter des affaires dites sensibles, la mobilisation sur les réseaux sociaux peut s'en charger, voire déclencher le traitement de certains sujets oubliés ou apporter des précisions sur des points négligés. Il est parfois difficile pour un journaliste de porter à la connaissance du public une affaire qui pourrait être problématique pour des personnes avec lesquelles il est en relation ou auxquelles le lie une complicité amicale. Certains journalistes peuvent aussi craindre de « griller » une source, de se couper d'une personne ressource utile.

Regardons ceux qui dénoncent les réseaux sociaux comme étant porteurs de haine. Ce sont généralement des éditorialistes bien en place et multicartes. Ils vont de médias en médias, portent de manière générale des jugements à l'emporte-pièce et plutôt méprisants sur ceux qui ne font pas partie de leur cercle relationnel, qui n'ont pas leur entregent. Ils n'aiment être contredits qu'en très grande douceur et en réalité en fausse opposition que par leurs homologues de même rang. Les réseaux sociaux les dérangent parce que c'est là que se réfugie la contestation de leur parole. Les débats supposés contradictoires des chaînes d'information continue ne le sont forcément pas, au-delà des postures. Il y a un consensus, soutenu par le sentiment d'appartenir à un même monde: « Si on entend un mensonge énorme, une contradiction béante, il serait dangereux de la relever sauf à se faire un ennemi. » Mais ceux qui prennent la parole sur les réseaux sociaux n'ont pas ces prévenances, ils ne font pas partie de ce cercle, n'en attendent ni n'en craignent rien.

Certes, des fake news circulent sur les réseaux sociaux, mais très souvent, les utilisateurs des réseaux sociaux eux-mêmes se dépêchent de les rectifier. Et n'y a-t-il pas aussi des fake news dans les médias centraux ? Ne peut-on pas multiplier les exemples de fausses nouvelles propagées par incompétence ou complicité ? L'entre-soi n'est-il pas un obstacle à l'approche de la vérité ? Et au vu du nombre de unes tapageuses, de débats où la haine contre certaines minorités s'étale au grand jour, peut-on vraiment affirmer que le clivage entre discours raisonnable et fake news se superpose totalement à celui entre médias mainstream et réseaux sociaux ? Ce ne sont pas les réseaux sociaux qui présentent Bernard-Henri Lévy comme un philosophe humanitaire, l'imam Chalghoumi comme un homme uniquement animé par l'entente interreligieuse ou Philippe Val comme un défenseur de la liberté, pour ne prendre que trois exemples de fake news inventées par les médias centraux et allègrement démontées sur les réseaux sociaux.

Autre reproche que l'on entend régulièrement à l'encontre de réseaux sociaux : « Les gens ne sont jamais en contact avec des idées qui les dérangent. Ceux qui sont en désaccord ne se rencontrent jamais. » Mais c'est exactement le même cas avec les journaux : le lecteur du *Figaro* ne lit pas *Libération* et inversement. On attribue parfois aux réseaux sociaux des torts qui ne sont pas uniquement les leurs et qui sont partagés, ou des torts qui peuvent être corrigés par un usage plus modéré ou plus pertinent, comme pour beaucoup d'autres secteurs qui ne sont pas mis à ce point en accusation.

Il n'est pas ici question d'affirmer que les réseaux sociaux sont sans risques et uniquement positifs. Comme toute technologie, elle peut donner le meilleur comme le pire. Mais je reste persuadé qu'au niveau global, leur apport est positif. La balance reste favorable en termes d'émancipation. Il n'est d'ailleurs qu'à voir ceux qui les critiquent le plus férocement.

Le cas chinois

En 2000, Bill Clinton avait prédit que le développement d'Internet allait faire de la Chine une société plus ouverte: « Dans le nouveau siècle la liberté va se développer par le téléphone cellulaire et le câble[141]. » Les NTIC promettaient en effet un monde où l'individu, quel que soit le régime politique, aurait plus de pouvoirs, où l'information circulerait plus librement. Brzezinski déclarait que l'ensemble de l'humanité était devenu politiquement actif[142]. Par mimétisme avec les dictatures sud-coréenne et taïwanaise qui s'étaient libéralisées sous l'effet du développement économique, on prévoyait la même évolution pour la Chine. Mais si la Chine s'est modernisée, elle ne s'est pas occidentalisée en ce qui concerne son système politique: le régime chinois continue d'exercer son contrôle sur les réseaux sociaux et dit maintenir une censure pointilleuse.

La Chine a bloqué l'accès à son territoire à Google, Facebook, Twitter, Instagram, etc. Cela relève autant de la censure que de la protection de ses propres géants du numérique, mais le blocage de milliers de sites d'information étrangers a surtout pour objectif le contrôle de l'information. La Chine a en quelque sorte créé des frontières digitales. Il est impossible de trouver sur les réseaux sociaux des propos critiques ou moqueurs sur Xi Jinping. Winnie l'ourson, auquel il est comparé de façon ironique, est interdit, tout comme ce qui a trait à la « secte » Falun Gong, à la répression sur la place Tian'anmen en 1989, ou celle à Hong Kong actuellement, ou encore au Dalaï-lama, à la question des Ouïghours ou du Tibet. WeChat, la messagerie la plus utilisée du pays, est devenu un outil clé de contrôle des faits et gestes de la population. Certains activistes ont déclaré avoir été suivis sur la base de conversations qu'ils auraient eues sur WeChat. Des conversations ont même été transmises à la justice. En 2017, les autorités chinoises ont exigé que Tencent et les autres entreprises digitales ferment les sites web sur lesquels avaient lieu des discussions portant sur les questions militaires. Tencent et Baidu[143] ont été condamnées à verser des amendes pour avoir hébergé des contenus interdits lors du 19ᵉ congrès du PCC.

Certes, les VPN[144] qui permettent de modifier la géolocalisation d'un appareil permettent d'échapper à ce système. Mais les dirigeants chinois font la guerre à ce système, et Apple a retiré le VPN de sa version chinoise de l'Appstore. Les dirigeants chinois ont compris qu'il ne fallait pas bloquer le développement d'Internet, au risque de bloquer leur propre développement économique, mais ils ont fait en sorte de pouvoir le remodeler à leur avantage : « Aujourd'hui, ils ne craignent plus Internet, ils craignent simplement sa forme ouverte et décentralisée. Ils ont su s'approprier une part du cyberespace pour en faire un redoutable instrument de contrôle centralisé et d'action à distance plutôt qu'un réseau d'échange modelé par ses utilisateurs[145]. »

Les NTIC, et notamment les techniques de reconnaissance faciale, permettent d'installer un contrôle social dans le pays : « Le sentiment de sécurité est le meilleur cadeau qu'un pays puisse offrir à son peuple », déclarait Xi Jinping dans le reportage « Amazing China » diffusé à la télévision chinoise. De nouveau, le spectre d'une société totalitaire. Sauf que la plupart des Chinois l'acceptent de bonne grâce. C'est pour eux un instrument de sécurité et de tranquillité sociales. Si vous achetez des produits chinois, vous marquez des points. Émettre des avis trop dissidents ou faire des recherches suspectes en ligne peut valoir une perte de capital. Xi Jinping a développé une sorte de culte de la personnalité grâce à l'application Xuexi Quianguo, « Étudier pour rendre le pays plus fort ». « Cette application a été téléchargée 100 millions de fois. Au menu : des articles, des vidéos en l'honneur du président et des quiz pour tester ses connaissances sur l'histoire du pays. Voici une nouvelle illustration de la "dictalure" chinoise : utiliser le jeu pour mieux régner[146]. » Selon Robin Li, P.-D.G. de Baidu : « Les Chinois sont plus ouverts et moins frileux que les Occidentaux en ce qui concerne la vie privée. S'il faut la sacrifier pour avoir accès à davantage de bien-être et de sécurité, bien souvent ils n'hésiteront pas[147]. »

Le contrôle social en Chine

Le contrôle social mis en place en Chine à partir des années 2010 est présenté comme un moyen de régulation sociale, mais peut être perçu comme une tentative de contrôle totalitaire des populations. Il est issu d'un système permettant de faciliter les transactions financières entre la Chine et l'étranger après l'adhésion de Pékin à l'OMC. Il est inspiré du système des agences de notation occidentales des grandes entreprises pour permettre de définir leur solvabilité financière. La crise financière de 2008 a conforté les autorités chinoises dans leur volonté de mettre en place un système de contrôle de la solvabilité des entreprises et des citoyens afin d'éviter l'équivalence de la crise des subprimes aux États-Unis. Officiellement, il s'agit de rendre la société plus « harmonieuse » et de restaurer la confiance entre les acteurs économiques.

En 2014, le gouvernement publiait son document intitulé : « Une ébauche de plan pour la construction d'un système de crédit social 2014-2020 ». Les collectivités locales sont chargées de le mettre en application avant une harmonisation au niveau national. La ville de Suqian, au nord de Shanghai, sert notamment de ville pilote. Il y existe six catégories de citoyens :

- AAA (plus de 1 050 points) : citoyen exemplaire
- AA (1 030-1 049) : citoyen excellent
- A (960-1 029) : citoyen honnête
- B (850-959) : citoyen relativement honnête
- C (600-849) : niveau d'avertissement
- D (549 et moins) : citoyen malhonnête

Chaque citoyen a un crédit de 1 000 points, qu'il peut faire fructifier ou non selon ses comportements, comme de ne pas payer une place de parking ou de rendre régulièrement visite à ses parents âgés. Fin mars 2019, 13,49 millions de personnes ont été jugées « indignes de confiance » et placées sur des listes noires. 20,47 millions de demandes de billets d'avion et 5,71 millions de demandes de billets de train à grande vitesse ont été rejetées pour « malhonnêteté ».

Ouvrir le débat

Lorsque l'on a commencé à installer des caméras de surveillance en France, beaucoup ont protesté contre ce qui leur apparaissait comme une insupportable atteinte aux libertés. Le spectre d'une surveillance généralisée de la population a été dénoncé. Depuis, les caméras de surveillance se sont multipliées et tout le monde semble s'en être accommodé, voire en a réclamé des supplémentaires, car elles permettent d'élucider violences, viols et crimes et ont de ce fait un rôle dissuasif.

Comme le souligne Philippe Coste : « On surestime la menace quant à la liberté. Il y a en fait beaucoup d'avantages : retrouver un gamin perdu dans la foule, prévenir un attentat... Le contrôle social pourrait permettre de punir les entreprises qui ne payent pas leurs fournisseurs, mais c'est déjà le cas en France, où la Banque de France peut dresser une liste d'interdits bancaires. Le malus/bonus peut avoir des avantages[148]. »

Ce qui est nécessaire, c'est un débat démocratique sur ce qu'il est légitime d'observer et ce qui est intrusif de façon inacceptable. Les algorithmes mis en place par les applications les plus populaires peuvent poser un problème. Les algorithmes de Facebook favoriseraient ainsi la montée en puissance des pages fortement partisanes et conduiraient donc à un excès viral d'information et de désinformation que l'entreprise est incapable de gérer[149]. « Finalement, le modèle que nous propose la Chine de Xi Jinping n'est pas si éloigné de celui que veulent construire Mark Zuckerberg, Peter Thiel ou Sergey Brin. Ils organisent chacun un contrôle de plus en plus absolu des individus, l'un au bénéfice du pouvoir politique, l'autre au profit du pouvoir économique[150]. »

« Quand les groupes sont perçus comme des tribunes où chacun peut exprimer tout ce qui lui passe par la tête, s'affranchissant du jugement public ou du politiquement correct, ils laissent le champ libre à l'expression des préjugés et des propos les plus haineux qui sont inacceptables (voire illégaux) ailleurs[151]. »

Il est certain que l'entre-soi existe aussi sur les réseaux sociaux, que l'anonymat pousse certains à tenir sans risque des propos excessifs et haineux. Encore que certains talk-shows télévisés puissent aussi subir ce reproche. En réalité, si bien sûr il y a des excès, des actes condamnables, il faut aussi mettre dans la balance les bienfaits des réseaux sociaux. Ceux-ci ouvrent, non sans défaut et sans risque, plus d'opportunités et de libertés qu'ils n'en ferment ou qu'il n'en existait auparavant. Ils ouvrent des espaces de respiration, ils élargissent le champ, ils brisent des monopoles. Pas étonnant que ceux qui en disposaient s'en offusquent.

On peut rejoindre les interrogations de Marie David et Cédric Sauviat: « Aujourd'hui, les choix technologiques font tout sauf l'objet d'un choix démocratique: une poignée d'ingénieurs dans la Silicon Valley dessinent les contours d'un monde que nous subissons tous sans avoir notre mot à dire. Les questions technologiques ne sont jamais discutées dans les programmes politiques[152]. » N'est-il pas urgent de lancer un débat sur l'ensemble des enjeux de l'IA pour la société? Est-il normal que la quasi-totalité des candidats aux élections présidentielles françaises de 2017 (et il en va de même dans les autres démocraties) n'ont pratiquement jamais abordé ce sujet, pourtant essentiel, dans leur campagne électorale[153] ?

Chapitre 5

Le duel Chine/États-Unis

Pendant la Guerre froide, l'affrontement idéologique et stratégique entre les États-Unis et l'Union soviétique s'est traduit par une course aux armements débridée lancée par les États-Unis, persuadés que leur supériorité technologique leur permettrait de distancer le concurrent soviétique, censé être arriéré en ce domaine. Ce sont les États-Unis qui, les premiers, ont successivement eu l'arme nucléaire puis thermonucléaire, les bombardiers et missiles terrestres de portée internationale, les sous-marins lanceurs d'engins nucléaires, les armes *mirvees* (*multiple independently reentry vehicules*, plusieurs têtes nucléaires sur un seul missile). Mais chaque accélération américaine a été suivie par le concurrent soviétique, qui n'a eu de son côté la primauté que des armes antibalistiques. La course est allée à une allure folle, aboutissant, à la fin de la Guerre froide, à 50 000 armes nucléaires au total pour les deux superpuissances, la moitié en stock et l'autre déployée. De quoi faire sauter plusieurs fois la planète (capacité d'« *overkill* »), en dehors de toute logique pure de dissuasion.

Mais le coureur soviétique à la constitution économique plus fragile que son rival américain s'est essoufflé à suivre le rythme infernal imposé par ce dernier. Au mieux de sa forme, l'URSS ne réalisait que 40 % du PIB américain. Si les États-Unis consacraient, guerre du Vietnam inclue, 7 % de leur PIB aux dépenses militaires, l'URSS leur consacrait plus de 20 %.

Vers une guerre froide technologique ?

Nouveaux enjeux

Le déclin stratégique de Moscou engendré par l'implosion de l'URSS et la chute du régime soviétique (Gorbatchev a échoué parce qu'il a libéralisé le pays sans réussir le développement économique) constitue depuis trente ans le cauchemar des dirigeants chinois. Un cauchemar obsessionnel. Pour éviter qu'il ne devienne une réalité, les dirigeants chinois ont décidé de garder un contrôle politique étroit de leur population et de ne pas suivre les États-Unis dans leur course aux armements. Le Pentagone et les milieux atlantistes s'égosillent régulièrement sur la menace que constitue l'augmentation des dépenses militaires chinoises, censées justifier leur demande permanente de rallonge budgétaire pour leurs arsenaux. Certes, elles sont en hausse régulière, mais elles sont évaluées entre 170 et 200 milliards de dollars, contre 738 pour les États-Unis en 2020[154]. Contrairement aux Américains, les Chinois ne se sont pas lancés dans de coûteuses interventions militaires extérieures, préférant proposer leurs « nouvelles routes de la soie » et les projets d'infrastructures les accompagnant.

Il y a un autre terrain sur lequel le régime de Pékin a décidé non seulement de suivre le compétiteur américain, mais en plus de prendre une foulée qui permette de le distancer de façon nette et définitive : celui de la technologie, et plus particulièrement de l'intelligence artificielle. Cela est perçu comme le facteur de puissance non pas de demain, mais d'aujourd'hui, ayant de surcroît des usages aussi bien civils que militaires et constituant la pièce maîtresse de la compétitivité économique.

Suivre la course aux armements lancée par Washington a empêché Moscou de satisfaire les besoins de sa population. Khrouchtchev avait promis que l'URSS allait « fabriquer des fusées comme des saucisses », mais le résultat a été de créer une superpuissance militaire engendrant, pour les citoyens, de sévères problèmes de ravitaillement. Une « Haute-Volta avec des fusées », pour reprendre une expression marquante de l'époque. La Chine a décidé de suivre et de dépasser les États-Unis dans la course à l'intelligence artificielle parce que c'est ce qui lui permettra d'obtenir une suprématie stratégique vis-à-vis de Washington et en même temps de satisfaire les besoins de la population chinoise. Bref, de satisfaire à la fois le patriote et le consommateur, et donc de renforcer les deux véritables piliers de la légitimité du PCC, bien plus forts que l'étude du marxisme-léninisme.

La stratégie chinoise
en Afrique est aussi technologique

En Afrique, il est clair que la Chine prend l'avantage sur les États-Unis. La désertion du continent par ces derniers sous le mandat de Donald Trump, notamment mais pas seulement lors de la crise du Covid-19, les propos insultants de Trump envers les pays africains (qualifiés de « *shithole countries* »), laissent de l'espace à la Chine. Le programme des « nouvelles routes de la soie » correspond à cette volonté d'investir un continent qui compte 54 voix à l'ONU et est riche en matières premières dont Pékin est gourmand.

Bien sûr, l'aide promise à l'Afrique est loin de n'être que généreuse, elle est également très intéressée. Un exemple caricatural en témoigne. La Chine a généreusement financé la construction du nouveau siège de l'Union africaine (UA) à Addis-Abeba. En janvier 2018, on découvrait que tout le système de communication (fourni par Huawei) était contrôlé par Pékin, et que chaque nuit, les données de l'UA et les enregistrements des réunions étaient transférés vers la Chine continentale.

Le modèle d'Internet censuré qu'offre la Chine peut par ailleurs satisfaire certains gouvernements africains, admiratifs du modèle de développement économique et de maintien d'un système politique autoritaire.

« Un phénomène cybercolonialiste puissant est ici à l'œuvre. Confrontée aux urgences croisées du développement, de la démographie et de l'explosion des inégalités sociales – que la Chine connaît bien –, encore traumatisée par le passif de la colonisation européenne, l'Afrique est en train de nouer avec la Chine un partenariat techno-industriel logique, mais très déséquilibré. À la manière des Américains en Europe après la guerre, la Chine exporte massivement en Afrique – en les finançant tout aussi massivement – ses solutions, ses technologies, ses standards et le modèle de société qui va avec[155]. »

AlphaGo, le moment Spoutnik chinois

Dans la Guerre froide soviéto-américaine, il y a eu en 1957 ce qu'on a appelé « le moment Spoutnik ». Les Américains percevaient alors avec stupeur et angoisse le « bip bip » émis par le satellite soviétique Spoutnik. Moscou avait réussi à placer un satellite en orbite, ce que les Américains estimaient pour longtemps encore hors de sa portée. L'URSS était donc capable de posséder des missiles intercontinentaux. Cela changeait totalement la configuration stratégique et l'équilibre des forces entre les deux pays. Si, depuis 1949, l'Union soviétique possédait elle aussi l'arme nucléaire, il y avait de fait une dissuasion unilatérale de Washington à l'égard de Moscou. Ni les missiles terrestres ni les bombardiers soviétiques n'étaient en mesure d'atteindre le territoire américain, n'ayant pas une portée intercontinentale. Leurs armes nucléaires ne pouvaient avoir comme cibles potentielles que des villes européennes. Si la portée des armes américaines était comparable à celle des armes soviétiques, ces derniers avaient toutefois un avantage incommensurable : basées sur le territoire européen, elles voyaient Moscou et d'autres cibles soviétiques à leur portée. À partir du moment où les Soviétiques ont eu la capacité de franchir l'Atlantique, tout a changé : les villes américaines n'étaient plus à l'abri de la menace soviétique. C'était l'équilibre de la terreur.

Ce « bip bip » émis par Spoutnik posa à Washington des problèmes de sécurité et de prestige. Kennedy fixa alors l'espace comme nouvelle frontière aux Américains. Il donna naissance au programme Apollo et à ce « petit pas pour l'homme et grand pas pour l'humanité » (en réalité un pas de géant pour les États-Unis) incarné par le premier pas de Neil Armstrong sur la Lune en 1969. Kennedy avait, au cours de la campagne électorale de 1960 qui allait conduire à son élection, dénoncé le *missile gap* qui aurait été à l'avantage de l'Union soviétique ; il développa en conséquence l'arsenal stratégique américain. Si *gap* (« fossé ») il y avait, il était en fait en faveur de Washington. Lors de la crise de Cuba deux ans plus tard, moment où le monde est passé au plus près de la guerre nucléaire, les États-Unis possédaient 3 000 têtes nucléaires, l'Union soviétique à peine 400. Méconnaissance des réalités – les satellites d'observation n'existaient pas encore –, réaction de prudence consistant à prévoir le pire scénario, ou volonté de dissimuler les chiffres exacts pour permettre l'augmentation du budget ? Toujours est-il que la menace avait été largement surestimée. Le différentiel de PIB entre les États-Unis et l'Union soviétique avait permis cette accélération qui a réjoui le complexe militaro-industriel américain, dont Eisenhower avait dénoncé l'influence excessive dans son discours d'adieu en 1961.

Aujourd'hui, dans le domaine de l'intelligence artificielle, il y a bien eu un moment Spoutnik, cette fois-ci au détriment de Pékin. Selon Kai-Fu Lee[156], il a eu lieu en mai 2017 lorsque Alpha Go, programme d'intelligence artificielle développé par la société britannique DeepMind (rachetée en 2014 par Google), a battu le champion du monde chinois de jeu de go Ke Jie. En janvier 2016, AlphaGo avait déjà battu Fan Hui, triple champion d'Europe. Le jeu de go, originaire de Chine, accorde une place prépondérante à l'intuition et offre d'innombrables combinaisons. Pour atteindre une telle performance, DeepMind a fait jouer à AlphaGo des centaines de milliers de parties contre elle-même. Battue sur son propre terrain par des moyens qu'elle ne maîtrisait pas suffisamment, la Chine s'est lancée dans la bataille avec énergie et détermination. Cette défaite a été un signal d'alarme indiquant à Pékin qu'il fallait concentrer ses efforts dans ce domaine. Ce n'était pas uniquement une question de prestige, mais de souveraineté et de suprématie. Il semble bien une nouvelle fois que celui qui était initialement distancé a rapidement trouvé un second souffle qui pourra lui permettre un *finish* vainqueur[157].

Durant la Guerre froide, les États-Unis ont été constamment soucieux de contrer la menace stratégique et idéologique soviétique. À partir du milieu des années 1980, du fait de la Perestroïka de Gorbatchev qui avait enterré l'aspect confrontatif des relations soviéto-américaines, et face à la montée en puissance du Japon, c'est la menace financière et technologique nippone qui les a effrayés. Dans les sondages, le Japon avait alors remplacé l'Union soviétique comme menace principale à la sécurité des États-Unis. Désormais, « face à la Chine, c'est la réunion de ces deux menaces en une seule, mais deux fois plus grande[158]. » La rivalité entre Washington et Pékin est économique et technologique.

Une lutte globale pour la suprématie technologique

« Conçu par Apple en Californie, assemblé en Chine. » Cela s'était avéré pour les dix premières années de vie de l'iPhone. C'était l'illustration du fossé technologique entre « les États-Unis qui fournissaient le cerveau et la Chine qui fournissait les muscles[159] ». Cette situation a rapidement changé, la Chine s'est dotée de ses propres géants technologiques en mesure de rivaliser avec les Américains. Comme le souligne un rapport du Sénat français de janvier 2019 : « La Chine a opéré une transition d'une stratégie d'imitation à une stratégie d'innovation[160]. » Comme pour les autres secteurs économiques, ce résultat était le produit d'une volonté politique nationale ultradéterminée et de l'ingéniosité et de l'appétit d'entreprendre d'individus ayant carte blanche pour innover et s'enrichir tant qu'ils restent dans le cadre défini par l'État. La croissance chinoise a développé une classe moyenne avide de consommer les offres des entreprises digitales.

Selon le même rapport du Sénat, « les États-Unis sont actuellement et incontestablement le leader mondial de l'intelligence artificielle. Grâce à la puissance économique des GAFAM, ils disposent d'une avance technologique indéniable[161] ». Il n'est pas sûr que ce constat soit encore vrai aujourd'hui. Barack Obama pouvait s'enflammer en déclarant : « Nous avons possédé l'Internet, nos sociétés l'ont créé, l'ont élargi et l'ont perfectionné de manière à pouvoir y réussir[162] », les géants du numérique donnaient un nouveau souffle à la puissance américaine. « Internet a offert aux États-Unis une fantastique opportunité, non seulement pour conserver, mais aussi pour renforcer le leadership planétaire[163]. » Mais il semblerait que le flambeau de ce leadership ait traversé le Pacifique pour aller se loger en Chine.

Le *South China Morning Post*, propriété du magnat Jack Ma, soulignait en 2018 que la Chine se faisait des illusions si elle pensait qu'elle pourrait prochainement dépasser les États-Unis dans les domaines scientifiques et techniques. Ce commentaire prudent de Jack Ma s'explique par sa volonté de ne pas se couper du marché américain. Mais correspond-il encore à la réalité ?

Les atouts de la puissance technologique chinoise

D'ambitieux projets

Mao faisait peut-être rêver la jeunesse révolutionnaire occidentale, mais lorsque Deng Xiaoping a pris le pouvoir, le PIB annuel par habitant était de 300 dollars. Il est aujourd'hui de 10 000 dollars. Du temps du Grand Timonier, les Chinois n'avaient pas droit à la liberté d'expression, craignaient en permanence d'être dénoncés aux autorités s'ils avaient le malheur, y compris dans le cercle familial, de critiquer le régime. Ils étaient habillés de façon uniforme, au sens premier du terme, n'avaient pas accès aux loisirs et encore moins aux voyages à l'étranger ou même dans leur propre pays.

Le décollage économique de la Chine et la règle de l'enfant unique – et de l'absence de divorce – vont faire des petits Chinois les dépositaires des rêves de réussite individuelle enfin permise et de soif de consommation enfin possible de quatre grands-parents et deux parents. Les Chinois d'aujourd'hui, y compris les 90 millions de membres du PCC, ne s'encombrent pas des nuances du matérialisme dialectique de Marx ou de la théorie de la contradiction de Mao. Même s'ils ne connaissent pas le personnage, ils suivent le principe de Guizot : « Enrichissez-vous ! ». Et la révolution numérique liée au développement de l'intelligence artificielle est l'un des moyens de le faire le plus sûrement et le plus rapidement.

En 2015, Xi Jinping parlait de faire de la Chine un « cyber superpower ». Le plan « Made in China 2025 », publié en 2015, ambitionne de dominer les industries du futur. Le 13ᵉ plan quinquennal pour l'informatisation nationale, lancé en 2016, prévoit de doter l'industrie de plus de 150 milliards de dollars.

Xi Jinping déclarait le 15 décembre 2017 : « Si notre parti ne parvient pas à faire face aux défis représentés par Internet, il ne saura relever le défi de rester au pouvoir à long terme. » En avril 2018, dans un discours à Pékin, Xi Jinping déclarait qu'Internet et les technologies de l'information représentaient le secteur « le plus dynamique et prometteur pour l'intégration civile et militaire[164] ».

L'assemblée nationale populaire a adopté en juin 2017 une loi sur le renseignement. Celle-ci oblige les entreprises et les citoyens à coopérer, soutenir ou assister les institutions nationales du renseignement. Si une entreprise américaine peut refuser de coopérer avec l'État fédéral, les entreprises chinoises n'ont pas cette possibilité. Ainsi, après la fusillade de San Bernardino le 2 décembre 2015, le FBI avait trouvé l'iPhone d'un des terroristes et demandé à Apple de l'aider à en décrypter le contenu pour vérifier s'il y avait un lien entre son propriétaire et Daech. Apple a refusé. Les choses ne se seraient pas passées ainsi en Chine. Certes, les géants du digital américain doivent beaucoup à l'État fédéral – et aux dépenses militaires – pour leur développement. Comme l'écrit Pierre Bellanger, « on s'émerveille devant les start-up nées dans des garages, mais on oublie de préciser que le garage se situe sur un porte-avions[165] ». Elles ont dès l'origine coopéré avec les services de renseignement américains. Cette coopération a été accrue après les attentats du 11-Septembre et la « guerre contre la terreur » lancée par George W. Bush. Mais, comme toutes les multinationales des pays occidentaux, elles peuvent avoir des intérêts commerciaux différents ou même opposés aux intérêts stratégiques définis par l'État dont elles ont la « nationalité ». C'est d'ailleurs le cas à propos de la politique hostile mise en place par Donald Trump à l'égard de la Chine, qui impacte négativement leur business.

Le pouvoir chinois contrôle, lui, plus étroitement ses mastodontes digitaux. Les marges de manœuvre, y compris des milliardaires du Net, sont moins grandes qu'aux États-Unis. Le pouvoir politique fait plus respecter ses droits[166].

Le 7 mai 2018, le *Guangming Daily*, journal du PC chinois destiné aux intellectuels, décrivait la puissance et la richesse de la Chine au temps où les peuples vivaient encore en société agraire : « Mais à ce moment-là, notre pays est passé à côté de la révolution industrielle et a été doublé par l'Occident. La Chine ne commettra pas la même erreur avec le Big Data et l'IA. La numérisation a offert au peuple chinois la chance du millénaire[167]. »

Quelques chiffres

La croissance économique chinoise depuis les réformes de Deng Xiaoping puis l'adhésion du pays à l'OMC est spectaculaire et impressionne le monde entier. Sa montée en puissance technologique en général dans le domaine de l'IA est encore plus époustouflante. Le nombre de Smartphones en Chine est passé de 230 millions en 2013 à plus de 850 millions aujourd'hui. Quand Google a été créé, en 1998, la part de la population chinoise ayant accès à Internet était de 0,2 %. Elle était de 30 % chez les Américains. En 2000, la Chine ne comptait que 22 millions d'internautes, contre près de 850 millions en 2020. En 2017, le Forum économique mondial établissait que la Chine avait 4,6 millions de diplômés en sciences, technologie, mathématiques ingénierie. Les États-Unis, dont la population représente le quart de celle de la Chine, atteignaient un huitième de ce chiffre[168]. Les étudiants chinois sont nombreux dans les universités américaines, mais il y a peu d'étudiants occidentaux dans les universités chinoises. Dilemme pour les États-Unis : faut-il limiter le nombre d'étudiants chinois pour ne pas nourrir un concurrent ou continuer à les accueillir pour le maîtriser ?

En 2018, la Chine a dépassé les États-Unis en termes de publications scientifiques. En 2015, la Chine a mis au point une directive pour produire d'ici 2024 70 % des puces nécessaires à son industrie. Les dépenses de R&D chinoises ont été multipliées par 12 entre 2000 et 2018, la Chine a en ce domaine dépassé la France en 2002, l'Allemagne en 2005, le Japon en 2009 et l'Union européenne dans son ensemble en 2016[169].

Le même phénomène peut se constater en matière de brevets. Huawei est la société qui en dépose le plus au monde. La Chine est devenue en 2019 le pays qui en a le plus déposé devant l'Organisation mondiale de la propriété industrielle (OMPI), doublant les États-Unis. Les demandes chinoises de brevets TIC ont été multipliées par 13 entre 2005 et 2017, alors qu'elles stagnent du côté américain, voire diminuent légèrement depuis 2013[170]. La Chine compte 100 « licornes » (start-up qui dépassent le milliard de dollars), soit le tiers des licornes existant dans le monde. À titre de comparaison, il y a aujourd'hui 10 licornes françaises.

Tous ces chiffres convergent vers une conclusion : la Chine, très en retard il y a une ou deux générations, est en passe de rattraper et même de dépasser les États-Unis à une vitesse vertigineuse, aussi bien s'agissant de l'IA que de l'économie en général.

L'avis de Kai-Fu Lee

Kai-Fu Lee est né à Taïwan. Il a étudié aux États-Unis, travaillé dans la Silicon Valley pour Apple et Microsoft avant de diriger Google China, et créé en 2019 sa société de capital-risque Sinovation Ventures. Considéré comme l'un des meilleurs spécialistes mondiaux de l'intelligence artificielle, il ne peut être soupçonné d'être acquis par avance aux thèses de Pékin. Il écrit tout net : « S'il est certain que l'Occident a allumé le brasier du *deep learning*, la Chine va, elle, accaparer l'essentiel de sa valeur[171]. »

Pour lui, les atouts de la Chine sont une profusion de données, des entrepreneurs insatiables, des chercheurs en intelligence artificielle et un environnement politique favorable à ce secteur. Le caractère vertical du pouvoir en Chine n'a pas empêché le développement de ce secteur d'innovation. Dans les idées reçues, la différence de culture entre la Chine et les États-Unis devrait jouer en faveur des seconds : le système libéral est censé donner plus facilement libre cours à l'innovation. Mais la soif d'entreprendre est en réalité aussi forte, voir plus forte en Chine, où les parents des créateurs des nouveaux empires digitaux avaient faim au sens littéral du terme.

Grâce à ses 1,4 milliard d'habitants, ses 850 millions d'utilisateurs d'Internet et la facilité avec laquelle les utilisateurs acceptent qu'on utilise leurs données, Pékin dispose d'un avantage décisif. « La Chine serait une «Arabie saoudite de la donnée», un pays qui se retrouve soudainement assis sur de colossales réserves de la principale matière stratégique du XXIe siècle[172]. »

Kai-Fu Lee met également en avant l'interaction entre le niveau national et le niveau local. Si le plan chinois pour l'intelligence artificielle a été conçu au plus haut niveau de l'État, l'action véritable se déroule à l'échelon local, sous la houlette d'une multitude de responsables régionaux qui déploient une énergie folle pour créer des zones de développement prioritaires et d'incubateurs auxquels ils sont prêts à accorder de généreuses subventions.

Les BATX au service de la puissance chinoise

Les GAFAM chinoises

Eric Schmidt avait averti que la Chine allait dépasser les États-Unis en termes d'intelligence artificielle avant 2025. Évoquant les Chinois : « En 2020 ils nous auront rattrapés, en 2025 ils seront meilleurs que nous, et d'ici 2030, ils domineront l'industrie de l'intelligence artificielle[173]. » *The Economist* du 17 mars 2018 confirme : « Le secteur numérique chinois connaît une expansion impressionnante, ils sont en passe non plus de concurrencer, mais de dépasser leurs rivaux américains. La bataille GAFAM-BATX (Baidu Alibaba Tencent Xiaomi) est en passe d'être gagnée par les seconds. Finie l'époque où elles étaient les simples copies de leurs homologues américaines. »

Le terme de GAFA ou GAFAM est désormais largement connu. Celui des BATX l'est nettement moins. Cela devrait changer rapidement. En tout cas, dès aujourd'hui, l'écart de notoriété ne reflète plus l'écart de performance.

Baidu a été créée en 2000 par Robin Lee et Eric Xu. C'est l'équivalent de Google. Son moteur de recherche était utilisé en 2017 par 500 millions de personnes par jour. Le gouvernement chinois lui a confié la mission de développer l'automatisation des voitures.

Alibaba a été créée par Jack Ma en 1999. Son activité principale est la vente de produits sur Internet (équivalent d'Amazon). Elle a été introduite en bourse en 2014 en levant 25 milliards de dollars. Le gouvernement chinois lui a attribué le développement d'une infrastructure de

Smart City. Une de ses filiales, ANT Financial, a créé la plateforme de paiement Alipay qui revendique plus de 500 millions d'usagers.

Xiaomi est née en 2010. Elle est passée de la production de téléphones portables à une production plus diversifiée concernant toutes les technologies portables (équivalent d'Apple).

Tencent a été créée en 1998 par Ma Huateng, membre du congrès national du peuple chinois, à Shenzhen. L'entreprise est spécialisée dans les services Internet. Le gouvernement chinois lui a assigné la recherche dans le domaine de l'imagerie médicale. Elle est surtout connue pour son application WeChat, créée en 2011, qui réunit près d'un milliard d'utilisateurs en permettant à la fois l'envoi de messages, le paiement, la prise de rendez-vous médicaux ou encore la soumission de demandes de visa.

En Chine, il n'est presque plus possible de payer en liquide, et de moins en moins facile de le faire avec une carte bancaire. Le paiement par smartphone y est en plein essor. Les BATX en sont à l'origine grâce à Alipay et WeChat. Les fabricants chinois de téléphones Huawei et Xiaomi ont bénéficié de cet essor technologique, leurs téléphones étant utilisés pour les paiements. Le projet du système de crédit social qui repose sur l'intelligence artificielle se fera également avec le concours de ces géants du numérique.

Un essor technologique patriotique

Les Chinois ont en la matière une véritable politique industrielle. L'État stratège dessine les perspectives à long terme, les grandes orientations, dirige la manœuvre et laisse des opérateurs privés, mais proches du pouvoir, réaliser les objectifs fixés. Ils ont le droit de s'enrichir s'ils respectent les directives nationales. Le capitalisme s'épanouit ainsi dans le respect du patriotisme.

Par comparaison, il peut arriver aux GAFAM d'avoir des intérêts qui divergent de la politique définie par Washington, notamment si cette dernière, pour des raisons d'opposition stratégique, mène une politique hostile à certains États, fermant ainsi la marche. Google par exemple est parti de Chine en 2010. Officiellement, cette décision était justifiée par de nobles raisons : s'opposer à la censure. En réalité, la firme n'y avait pas réussi son implantation. Retour en 2017, pour ouvrir un centre de recherche et de formation à Pékin. Le chef d'état-major des armées a protesté et même évoqué une trahison, en vain. Cette opposition éventuelle n'existe pas encore en Chine, ou beaucoup moins. Le PCC restera-t-il assez fort pour tenir tête aux BATX ? Nul ne peut à ce jour répondre à cette question.

Le Japon et la Corée du Sud ont décollé économiquement à partir des années 1950 grâce à ce modèle d'articulation entre l'État (dont le fameux MITI japonais, Ministry of International Trade and Industry) et les grands conglomérats. Leur rôle était différent, leur objectif commun : restaurer la grandeur de la nation. Les pays asiatiques ont créé des multinationales patriotiques. Aux États-Unis ou en Europe, les multinationales sont avant tout... multinationales, et pensent marché et non drapeau. La protection juridique que le gouvernement chinois donne aux grandes entreprises du numérique face à leurs concurrents, notamment étrangers, et l'absence de protection relative à la collecte et à l'usage des données des utilisateurs (sans que cela soit perçu comme inacceptable ou dangereux par ces derniers) est également favorable aux BATX. La seule contrainte est de stocker les données sur le territoire chinois, ce qui permet au gouvernement de renforcer son contrôle sur la population. Le temps de travail quotidien, souvent de 9 heures à 21 heures six jours par semaine, et le coût relativement bas de la main-d'œuvre (bien qu'en régulière augmentation), permettent une productivité importante. Mais ce succès est avant tout national ; les entreprises digitales chinoises ont, pour le moment du moins, des difficultés à conquérir les marchés internationaux. Selon Gaspard Koenig, « l'IA est devenue en Chine le projet d'une société entière, défini comme tel dans la stratégie nationale dévoilée par le gouvernement en 2017[174] ».

Le *New York Times* cite l'exemple d'un jeune Chinois de dix-huit ans, fan de NBA, de hip-hop et de superhéros hollywoodiens, qui souhaite aller étudier au Canada. Représentatif de sa génération, il n'a cependant jamais entendu parler de Facebook et demande si « c'est un peu comme Baidu[175] ».

Amazon s'est retirée du marché chinois après n'avoir réussi à capter que 2 % du marché, incapable de rivaliser avec Alibaba. eBay a également échoué. Groupon a renoncé aussi au marché chinois après y avoir pourtant investi 1 milliard de dollars. Même investissement et même échec pour Uber, laminé par la firme chinoise Didi.

La propagande d'État qui mise sur la fibre patriotique joue bien sûr un rôle. Mais la très grande majorité de la population y adhère naturellement. Les Chinois sont fiers de leur pays et de leur régime, qui les a fait passer en deux générations d'un pays de crève-la-faim à une nation où la classe moyenne prospère et a accès à la consommation. L'étranger, occidental ou japonais, n'est dès lors pas perçu comme celui qui peut apporter la liberté, mais comme celui qui a humilié et saccagé le pays au XIXe et dans la première moitié du XXe siècle. Patriotisme et intérêts personnels apparaissent liés. Le protectionnisme du gouvernement et le nationalisme des consommateurs se rejoignent pour favoriser les acteurs nationaux. Et plus Trump et les États-Unis dénoncent le danger que représentent les BATX, plus les Chinois patriotes et consommateurs les défendent, voyant dans les attaques américaines le refus d'accepter la montée en puissance de la Chine.

En juin 2020, la Chine annonçait la mise en orbite de son dernier satellite Beidou, lui permettant d'avoir un système de navigation équivalent au GPS américain[176]. 55 satellites ont été lancés, dont les 30 derniers placés sur trois orbites différentes, donnant à la Chine un système ultraperformant et lui permettant de réduire sa dépendance technologique envers l'Occident.

Trump part en croisade

En mars 2018, Donald Trump bloquait une prise de contrôle hostile pour 142 milliards de dollars de Qualcomm, un fabricant de puces américain, par la firme Broadcom, basée à Singapour, en mettant en avant un impératif de sécurité nationale face au leadership chinois en matière de 5G. L'entreprise était allée jusqu'à transférer son siège aux États-Unis pour témoigner de sa bonne foi auprès de Washington et permettre que le deal ait lieu. L'acquisition de Qualcomm aurait ainsi constitué le plus gros deal technologique jamais réalisé. Mais il n'a finalement pas été autorisé par le Comité pour l'investissement étranger aux États-Unis (CFIUS), qui dépend du département du Trésor. L'objectif d'un tel comité est de s'opposer aux acquisitions étrangères de compagnies américaines pour des raisons de sécurité nationale. Mais c'est surtout la place de leader de Qualcomm sur le développement du marché de la 5G aux États-Unis qui justifiait la décision du CFIUS. Plusieurs autres deals d'un montant moindre dans le secteur technologique ont ainsi été bloqués par le CFIUS.

La même année, Trump avait pourtant levé les sanctions contre la compagnie chinoise ZTE, malgré la réserve des parlementaires républicains et de ses propres conseillers nationaux à la sécurité, dans l'espoir d'obtenir l'aide de la Chine dans ses négociations avec la Corée du Nord. Il espérait également obtenir l'engagement de la Chine à acheter plus de produits américains pour alléger le déficit commercial américain. Depuis, il a changé de position.

Ces décisions ne doivent donc pas être vues comme relevant seulement de la compétition commerciale : « C'est une extension de ce qui peut être considéré comme relevant de la sécurité nationale. Cela concerne les efforts de la Chine pour investir et acquérir des éléments essentiels du système américain d'innovation[177] », selon Tai Ming Cheung de l'Université de Californie.

Donald Trump ne va pas hésiter à mettre en avant des motifs de sécurité nationale pour gérer un concurrent chinois tout simplement plus compétitif.

Huawei, cible privilégiée de l'administration Trump

Steve Bannon, le néoconservateur de choc qui fut le stratège de Donald Trump, a souvent le mérite de la franchise à défaut d'avoir celui de la nuance. Pour lui, « tuer Huawei est plus important que de signer un accord commercial avec la Chine[178] ».

Huawei, 200 000 employés dans le monde et 100 milliards de dollars de chiffre d'affaires, est devenu le symbole du fleuron technologique chinois, vécu comme une menace pour la sécurité des États-Unis. Son département recherche et développement compte à lui seul 80 000 employés, et il dépose 15 000 brevets par an[179]. Une telle attitude américaine à l'égard de Huawei est-elle réellement justifiée par la crainte des liens avec le pouvoir qui soutiendrait activement la firme ou plutôt par esprit de mauvais perdant acceptant mal d'être dépassé dans un secteur si stratégique, et que les Américaines pensaient dominer ?

Pour Pékin, les États-Unis employaient des moyens biaisés pour éliminer la concurrence d'un producteur chinois, qui s'était imposé par ses mérites sur le marché international. Les États-Unis ont fait le pari de tuer dans l'œuf Huawei en lui interdisant l'accès au marché américain, en exigeant de leurs alliés – considérés une fois de plus comme des vassaux – d'en faire de même au nom de la sécurité des données (ce qui est savoureux quand on sait que la NSA a été jusqu'à espionner les téléphones portables de dirigeants européens). Chronique de cette véritable croisade.

En février 2018, les agences de renseignement américaines appelaient les utilisateurs à être vigilants avec les téléphones chinois, notamment ceux de la marque Huawei. Elles déconseillaient aux Américains d'utiliser les équipements de cette société soupçonnée d'espionner et d'utiliser les données au profit du gouvernement chinois. En mai 2018, le secrétaire à la Défense américain, Jim Mattis, demandait de façon insistante dans un mémo au président Trump de mettre sur pied une stratégie nationale pour l'intelligence artificielle. Il émettait la crainte de ne pas tenir le rythme face aux ambitieux plans chinois et mettait en avant le fait que les différents opérateurs dans ce pays, dont Huawei, travaillent étroitement avec les militaires sur les projets d'intelligence artificielle, au point qu'il y a une fusion militaro-civile en ce domaine[180].

Le 1er décembre 2018, Meng Wanzhou, directrice financière du groupe Huawei et l'une des filles de son fondateur, était arrêtée à Vancouver (Canada) à la demande des autorités américaines. Elle était accusée d'avoir dissimulé des opérations de son groupe menées en Iran malgré l'embargo américain. Les Américains appliquaient le caractère extraterritorial de leur législation consistant à faire appliquer la loi américaine, y compris sur des non-ressortissants, et même sur des opérations effectives en dehors du territoire américain[181]. L'héritière de Huawei fut finalement libérée sous caution et assignée à résidence, mais le Canada refusa de l'extrader comme le demandaient les autorités américaines. Les Chinois protestèrent néanmoins de son arrestation et exercèrent des représailles sur le Canada, accusant d'espionnage deux ressortissants canadiens, spécialistes en sciences humaines, et les emprisonnant.

L'espionnage informatique, une spécialité US

Les accusations américaines contre Huawei, qui serait le cheval de Troie des autorités chinoises pour s'introduire dans les données des consommateurs européens, peuvent donner à réfléchir. Toujours est-il que les Américains ne sont pas les mieux placés pour donner des leçons de morale sur ce sujet.

En 1999, Nicky Hager, un journaliste néo-zélandais, dévoilait dans son livre *Secret Power* que la NSA surveillait l'ensemble des communications internationales grâce au réseau Échelon, un réseau de bases d'écoute créé avec le Royaume-Uni, le Canada, l'Australie et la Nouvelle-Zélande, appuyé sur un réseau de 100 satellites. Outre les lignes téléphoniques, les câbles sous-marins et réseaux Internet sont également surveillés.

Le programme PRISM dévoilé par Edgar Snowden en 2013 est également un programme de la NSA permettant de surveiller l'activité des internautes en accédant aux serveurs de plusieurs entreprises informatiques américaines (Microsoft, Yahoo, Google, Facebook, Skype, AoL, YouTube, Apple, Paltalk). On apprendra que les téléphones personnels de plusieurs dirigeants étrangers, de Dilma Roussef à Angela Merkel en passant par François Hollande, étaient également sous surveillance. Barack Obama s'était engagé à mettre fin à ce programme. Les promesses n'engagent que ceux qui y croient.

Début mai 2019, les États-Unis annonçaient que plus aucun composant américain ne pouvait être vendu à Huawei. Le 15 mai 2019, l'administration Trump interdisait aux entreprises américaines de se fournir en équipement auprès de Huawei, entreprise jugée à risque. Outre les accusations de violation de l'embargo sur l'Iran, il était également reproché à l'entreprise chinoise d'avoir photographié et volé en 2012 un robot d'un des principaux opérateurs américains, T-Mobile. Les Américains demandaient par ailleurs aux Européens de ne pas s'équiper en matériel 5G auprès de l'entreprise chinoise. Le procureur général avait en effet alerté sur le fait que les États-Unis risquaient de subir la domination de la Chine s'ils ne pouvaient empêcher la suprématie de Huawei sur la 5G[182].

Face aux mesures américaines, la direction de Huawei annonçait dès mai 2019 que ces nouvelles règles mettaient sa survie en jeu. Dans le même temps, le président Xi Jinping annonçait un plan de 1,4 trillion de dollars d'ici à 2025 pour augmenter l'indépendance technologique de la Chine. Huawei décidait alors de mettre en place son propre système d'exploitation, Harmony OS, en prévision de la suppression de l'accès de ses appareils au système Android.

En juillet 2020, Londres annonçait interdire les équipements fournis par Huawei pour le système de 5G au

Royaume-Uni. Il sera interdit aux opérateurs d'acheter du matériel Huawei à partir du 1er janvier 2021 et ils devront remplacer les matériels en service avant fin 2027. Cela annulait le feu vert donné en janvier. « Comme les faits ont changé, nous avons changé notre approche[183] », déclarait Oliver Dowden, le ministre en charge des Télécommunications, mettant en avant des arguments économiques et de sécurité nationale. Donald Trump déclarait : « Nous avons convaincu beaucoup de pays, et je l'ai fait moi-même pour la plus grande part, parce que nous pensons que c'est un risque de sécurité dangereux[184]. » En 2005, le Royaume-Uni avait été le premier à permettre à la firme chinoise de s'établir en Europe. Une telle décision de Londres risque de retarder de deux ou trois ans le déploiement de la 5G au Royaume-Uni et de coûter plus de 2 milliards d'euros au pays. Les dirigeants britanniques admettaient en *off* avoir cédé aux pressions et aux menaces de sanctions de Washington. Reconquête de la souveraineté du Royaume-Uni face à la Chine ? Ou expression d'une vassalisation à l'égard des États-Unis ? En juin 2020, Huawei annonçait pourtant un plan d'investissement de 1,25 milliard dans un centre de recherche à Cambridge.

En mai 2020, Donald Trump franchissait un palier supplémentaire en interdisant à partir de septembre aux entreprises américaines de fournir Huawei en semi-conducteurs (puces électroniques indispensables au fonctionnement des ordinateurs et Smartphones) en application de la législation extraterritoriale américaine, les entreprises étrangères étaient intimées d'en faire autant. Mais pour *The Economist*, « l'industrie des semi-conducteurs,

412 milliards de dollars, est si globalisée que même le bras armé de la législation américaine aura du mal à la coincer[185] ». Accusant un retard significatif dans ce domaine, Pékin avait annoncé dès octobre 2019 la création d'un fonds d'investissement doté de 26 milliards d'euros pour sanctuariser son indépendance dans le domaine des semi-conducteurs.

L'ensemble de ces mesures sera-t-il suffisant pour couper court à l'ascension de Huawei, ou cela va-t-il inciter la Chine à mettre les bouchées doubles, triples ou décuples pour combler son retard et devenir parfaitement autonome vis-à-vis des États-Unis ? Se dirige-t-on vers la constitution de deux réseaux digitaux indépendants ET incompatibles ? Mais dès lors, le résultat ne serait-il pas une compétition dont le résultat est « perdant-perdant » ?

En mai 2020, Taiwan semiconductors manufacturers (TSMC), n° 1 mondial de semi-conducteurs et, comme son nom l'indique, entreprise taïwanaise, annonçait un investissement de 12 milliards de dollars pour construire une usine de puces aux États-Unis. Elle était jusqu'ici le fournisseur de Huawei, qu'elle va désormais cesser d'approvisionner. Est-ce la naissance d'un axe dominant américano-taïwanais[186] ? Pourquoi TSMC, qui dépend de Huawei pour 15 % de ses revenus, investit si lourdement aux États-Unis ? Peut-être pour fournir le marché américain, créant ainsi une nouvelle marque à Taïwan qui serait détachée du marché américain, et pouvoir continuer à fournir le marché chinois en parallèle. De même, des opérateurs américains réfléchissent à déposer leurs brevets en dehors des États-Unis pour éviter de tomber sous le coup des futures législations antichinoises. En ce cas, comme le souligne *The Economist*[187], la tentative de Donald Trump de « désiniser » l'industrie des semi-conducteurs pourrait plutôt conduire à la « désaméricaniser ». Un terme qu'on entend de plus en plus sur l'autre rive du Pacifique, comme le rappelle Evgeny Morozov : « Les deux expressions les plus en vogue en Chine en ce moment sont "désaméricanisation" – de la chaîne d'approvisionnement et de l'infrastructure technologique – et "économie de double circulation" – une nouvelle orientation politique qui consiste à articuler un recentrage sur le marché intérieur et le développement de technologies de pointe susceptibles d'être exportées[188]. »

L'affaire TikTok, aveu de faiblesse déguisé de Washington ?

Bataille politico-commerciale

À l'été 2020, Donald Trump déclarait réfléchir à interdire l'application chinoise TikTok sur le territoire américain. Il mettait en avant un risque sécuritaire puisque la compagnie mère ByteDance était liée, selon lui, au gouvernement chinois, lequel aurait ainsi accès aux données des utilisateurs américains. Les dénégations de la compagnie ne suffirent pas à le faire changer d'avis, mais les utilisateurs de l'application s'y opposèrent en mettant en avant le rôle essentiel de l'application dans l'éducation sur le changement climatique, le racisme systémique et le mouvement Black Lives Matter. On apprenait alors que Microsoft était en négociations avec ByteDance pour racheter TikTok.

Kareem Rahma, 400 000 followers sur l'application, déclarait que TikTok était au mouvement Black Lives

Matter ce que Twitter avait été pour le Printemps arabe[189]. Ellie Zeiler, seize ans et 6,3 millions de followers, estimait que la menace de Trump allait lui aliéner de façon encore plus importante la jeunesse américaine[190].

Le CFIUS recommandait que TikTok soit vendue à une compagnie américaine pour restreindre l'influence chinoise aux États-Unis. Les partisans d'une ligne dure face à la Chine au sein de l'administration Trump insistaient sur l'interdiction pure et simple de l'application afin d'envoyer un message de fermeté à Pékin. Trump, après avoir suivi ces derniers, changea d'avis du fait des incertitudes juridiques et afin de ne pas aggraver son impopularité parmi la jeunesse (TikTok a aujourd'hui 100 millions d'utilisateurs aux États-Unis). Dans le cas d'une vente, Trump allait jusqu'à demander qu'une partie de l'argent soit directement versée au département du Trésor américain, arguant que sans son action, celle-ci n'aurait pas été possible[191].

Le 19 septembre, TikTok devenait une compagnie autonome séparée de ByteDance. Son *cloud* était hébergé par Oracle-Walmart, qui devenait son canal de distribution. Oracle-Walmart, qui possède 20 % des actions de TikTok, s'engageait à embaucher 25 000 personnes aux États-Unis sur une période indéterminée, à payer 5 milliards d'impôts au Trésor américain et à créer une offre éducative sur l'IA. Trump triomphait en affirmant que TikTok n'avait plus rien à voir avec la Chine, et que l'usage de l'application allait devenir totalement sécurisé. On était loin cependant de la demande initiale d'une vente totale, ByteDance conservant 80 % des parts. Le flou demeurait total sur la répartition entre les textes et l'offre éducative et sur la façon dont l'argent serait versé. Qui plus est, les entreprises technologiques et les investisseurs pourraient devenir de plus en plus inquiets de faire des affaires avec toute compagnie qui pourrait attirer l'attention de l'administration Trump. « Le résultat est trop illogique et imprévisible[192] », déclarait David Pakman, un associé de Venrock, une entreprise de capital-risque établie à New York et dans la Silicon Valley.

Un conflit symptomatique

Ce deal ne résolvait pas la question essentielle : qu'allait-il se passer ? Cette nouvelle application chinoise récemment implantée aux États-Unis attirait les consommateurs américains et notamment la jeunesse. David Sanger rappelait dans le *New York Times* du 21 septembre 2020 que le vol de propriété intellectuelle dont TikTok est accusée par Trump était un problème que George W. Bush avait abordé avec son homologue chinois quinze ans plus tôt, et que Barack Obama et Xi Jinping avaient déclaré résolu en 2015. Apparemment, ce n'est pas le cas, mais l'affaire TikTok révélait pire encore : pour la première fois, une application réellement chinoise, et non un dérivé d'un équivalent inventé aux États-Unis ou en Europe, avait séduit la jeunesse américaine.

Durant la Guerre froide, les pays communistes, qu'il s'agisse de l'Union soviétique et de ses alliés du Pacte de Varsovie, ou de la Chine populaire, interdisaient les films et musiques venus du monde occidental. Il ne fallait pas que Hollywood, les Beatles ou Elvis Presley viennent « contaminer » idéologiquement leur population, et avant tout leur jeunesse. L'attractivité que les États-Unis représentaient était vue comme une menace majeure bien avant que le concept de *soft power* ait été élaboré. Dans son livre *Has China won?*, Kishore Mahbubani écrit qu'actuellement, les États-Unis se comportent comme le faisait l'URSS du temps de la Guerre froide et que la Chine, elle, adopte l'attitude des États-Unis durant cette période. L'épisode TikTok en est une illustration.

L'histoire économique regorge d'exemples où les embargos – surtout s'ils ne sont que partiels parce que non appliqués par l'ensemble des acteurs – échouent dans leur objectif de mettre à genoux celui qui est visé. Après une période provisoire lors de laquelle elle souffre réellement, la nation soumise à l'embargo s'organise, trouve des parades et développe une production nationale qui vient se substituer aux importations désormais impossibles. Les sanctions sur les produits agricoles à destination de la Russie après l'annexion de la Crimée ont surtout pénalisé les producteurs agricoles européens, et avant tout français. Les Russes ont développé leur propre filière. La Chine peut supporter un passage à vide de deux ou trois ans avant de se réorganiser. Si l'objectif est de choisir entre la soumission aux États-Unis et l'indépendance menant à la suprématie, la Chine a, bien plus que les États-Unis, le sens du long terme.

Stimulés à la fois par leurs ressorts internes et l'impitoyable concurrence à laquelle ils se livrent, les deux mastodontes chinois et américain ont distancé toutes les autres nations et font très largement la course en tête. En effet : « Les deux pays capteraient 70 % des bénéfices que l'IA apporterait à l'économie mondiale d'ici 2030. Sur les 4 500 sociétés évoluant dans l'IA dans le monde, environ la moitié opère aux États-Unis et le tiers en Chine[193]. » En réalité, les géants de l'IA sont soit en Chine soit aux États-Unis. Ils attirent la majorité des ingénieurs les plus doués, et sur ce terrain, les États-Unis ont encore l'avantage, malgré les restrictions à l'immigration mises en place par Donald Trump. 75 % des fondateurs d'entreprises de la Silicon Valley ne sont pas nés aux États-Unis[194]. La Chine peut, elle, surtout employer des étrangers via les filiales de ses firmes installées sur place. En matière d'IA, le risque est grand que « *the winner takes it all* » ; et même avec ce duopole, les autres nations pourraient n'avoir comme option que de ramasser les miettes qu'on voudra bien leur laisser ou devoir choisir de qui ils veulent être les supplétifs dociles et dépendants.

Du temps de la Guerre froide, on parlait du condominium soviéto-américain. À l'époque, la France et la Chine le contestaient fortement et avaient réussi, notamment par l'acquisition de l'arme nucléaire, à s'en préserver en termes d'indépendance et de liberté d'action. L'UE, la Russie, le Japon, la Corée du Sud, le Canada, l'Australie et d'autres réussiront-ils à s'extraire du piège sino-américain ? Leur retard est-il irrattrapable ou peut-il – à condition d'avoir une solide détermination à le faire – encore être comblé ? Tout peut se jouer très vite avant que la fenêtre d'opportunité ne se referme. On peut encore agir, mais pour combien de temps ?

Les principales entreprises
du secteur technologique restent américaines

ENTREPRISE	ACTIVITÉ	RANG (Selon le chiffre d'affaires)	SIÈGE	CHIFFRE D'AFFAIRES (milliards USD, 2019, Bloomberg)	CAPITALISATION BOURSIÈRE (milliards USD, printemps 2020, Bloomberg)	BÉNÉFICE NET (mds USD, 2019, Bloomberg)
Amazon	Commerce électronique	1	États-Unis	280	1 017	11
Apple	Produits électroniques et logiciels	2	États-Unis	260	1 164	55
Samsung Electronics	Produits électroniques	3	Corée du Sud	189	240	18
AT&T	Télécom	4	États-Unis	181	215	14
Hon Hai Precision (Foxconn)	Produits électroniques	5	Taïwan	177	34	4
Alphabet (dont Google)	Internet et logiciels	6	États-Unis	161	830	34
Verizon Communications	Télécom	7	États-Unis	132	239	19
Microsoft	Logiciels, produits électroniques, jeux vidéo	8	États-Unis	125	1 256	39
Huawei	Produits électroniques	9	Chine	122*	NC	9*

* Source : Huawei

.../...

Le duel Chine/États-Unis

.../...

ENTREPRISE	ACTIVITÉ	RANG (Selon le chiffre d'affaires)	SIÈGE	CHIFFRE D'AFFAIRES (milliards USD, 2019, Bloomberg)	CAPITALISATION BOURSIÈRE (milliards USD, printemps 2020, Bloomberg)	BÉNÉFICE NET (mds USD, 2019, Bloomberg)
Nippon Telegraph & Tel (NTT)	Télécom	10	Japon	109	95	8
China Mobile	Télécom	11	Chine	105	179	15
Dell Technologies	Produits électroniques	12	États-Unis	92	26	5
Softbank	Télécom	13	Japon	88	80	12
Deutsche Telekom	Télécom	14	Allemagne	87,7	63	4
Hitachi	Produits électroniques	15	Japon	87	28	2
Sony	Produits électroniques, jeux vidéo	16	Japon	80	78	9
IBM	Produits électroniques, logiciel	17	États-Unis	77	102	9,4
Panasonic	Produits électroniques	18	Japon	74	19	3
Intel	Produits électroniques	19	États-Unis	71	250	21
Facebook	Réseau social	20	États-Unis	70,7	471	18

Chapitre 6

Quo vadis Europa?

Exigences américaines

Une relation à redéfinir

Comment l'Europe doit-elle se positionner face au duel sino-américain? Les États-Unis attendent évidemment de l'Europe une solidarité civilisationnelle. Donald Trump l'exigeait sans aucune contrepartie, les Européens devaient même de surcroît se voir méprisés et insultés. La façon dont Donald Trump a traité les alliés européens, sur la question de la 5G comme de manière générale, ne nous incitait pas à lui faire confiance aveuglément. Joe Biden devrait solliciter la solidarité des Européens de façon plus courtoise. Il va même sans doute faire assaut d'amabilité, de serments de fidélité et de raffermissement des liens transatlantiques en échange du soutien européen face à la Chine. Pour Washington, les démocraties occidentales devraient faire front commun face à la dictature communiste chinoise qui menace leurs libertés et leurs modes de vie. Le Royaume-Uni a choisi son camp en fermant la porte à Huawei. L'argument est aisément relayé en Europe. Il a l'apparence du bon sens mais se heurte à quelques réalités désagréables.

Tout d'abord, la NSA et les grands groupes digitaux américains n'ont pour le moment pas réellement traité les Européens comme des partenaires. Entre l'espionnage de l'un et la politique systématique d'évasion fiscale des autres, les Européens sont plutôt vus comme des supplétifs. La tendance naturelle des États-Unis n'est pas de traiter d'égal à égal avec les Européens. Il faudrait exiger un sérieux renouvellement des mentalités américaines, presque une révolution culturelle de leur part, pour pouvoir envisager un partenariat autre que celui d'un strapontin qui nous serait accordé. D'ailleurs, une des premières déclarations du président élu Joe Biden, en saluant le retour de l'Amérique, était d'affirmer sa disposition à guider le monde. Donc de voir les autres suivre.

Washington nous met en garde contre les risques d'espionnage en cas de recours à la technologie chinoise. Les États-Unis savent de quoi ils parlent puisqu'ils n'ont jamais hésité à espionner les Européens, souvent au nom d'impératifs de sécurité pour combattre le terrorisme, mais en réalité en recueillant de précieuses informations leur offrant un avantage concurrentiel énorme sur le plan commercial. Bref, « l'Alliance », pour eux, est rarement une voie à double sens. Nous devons bien sûr prendre des précautions envers les Chinois et défendre nos intérêts. Mais nous devons faire de même face aux Américains, qui considèrent trop facilement que la dette que nous aurions à leur égard en tant que leader du monde libre leur permet de faire prévaloir leurs intérêts sur les nôtres sans trop de remords.

Même *The Economist*, peu suspect d'anti-atlantisme, admet que pour mettre en œuvre l'alliance qu'il appelle de ses vœux entre les États-Unis et l'UE pour contrebalancer la Chine sur l'IA, il faudrait que les États-Unis reconnaissent qu'ils ne sont plus aussi dominants qu'ils l'étaient à l'issue de la Seconde Guerre mondiale et qu'il leur faut faire des concessions à leurs alliés européens sur le respect de la confidentialité, les taxations et la politique industrielle[195].

Allons-nous rester impuissants et passifs, tétanisés par l'enjeu du duel entre la Chine et les États-Unis ? Avons-nous le choix ? Ou allons-nous être condamnés à choisir d'être le partenaire junior de l'un ou de l'autre – et bien sûr, la balance pencherait plutôt pour Washington ? Dans son discours devant les ambassadeurs d'août 2019, Emmanuel Macron réfutait chacune de ces hypothèses et plaidait pour la voie de l'autonomie. L'autonomie européenne est, depuis le début de la Vᵉ République, un sujet qui tient à cœur à la France. On y est parvenu sur certains sujets : aéronautique, nucléaire, espace, monnaie... Mais moins sur les enjeux militaires et stratégiques. Allons-nous devenir une colonie de la donnée ? Pouvons-nous compter éternellement sur une protection bienveillante et gracieuse des États-Unis ? Non, pas plus qu'avec la

Chine, d'ailleurs. Bien sûr, nous devons tracer notre voie, même si les sujets stratégiques ont créé une culture de la dépendance bien établie même trente ans après la fin du monde bipolaire.

Le risque du retard européen

L'Europe a pris un retard considérable. Rappelons-nous que l'ancien président de la Commission européenne Jean-Claude Juncker se vantait de ne pas avoir de smartphone.

Au XIXe siècle, l'Europe s'est industrialisée, obtenant un avantage considérable, et a pu parachever sa conquête du monde. Les nations qui ne s'étaient pas industrialisées ont été colonisées par les pays européens ou déclassées, comme la Chine, qui est alors passée du rang de première puissance mondiale (dans un monde non globalisé) à celui de pays humilié, dépecé et soumis aux ingérences et influences européennes puis américaines et japonaises.

En 2000, l'Europe a défini la « stratégie de Lisbonne » qui devait faire d'elle « l'économie de la connaissance la plus compétitive et la plus dynamique ». Elle a raté le coche, faute d'accords sur les financements. Si l'Europe rate le virage de l'IA, elle pourrait vivre au XXIe siècle le sort que la Chine a subi au XIXe. Elle deviendra la colonie digitale d'une autre puissance.

Quelques chiffres sur l'IA européenne face au duopole sino-américain

À l'échelle des continents, l'Amérique du Nord a investi (public et privé) en 2017 23 milliards d'euros, l'Asie 12 milliards et l'Europe seulement 4 milliards dans l'IA. Une étude réalisée par McKinsey démontre également que l'Europe est en retard en termes d'investissement privé en IA. Alors que les entreprises européennes investissaient entre 2,4 et 3,2 milliards d'euros en 2016, les entreprises asiatiques investissaient 6,5 à 9,7 milliards d'euros la même année et l'Amérique du Nord entre 12,1 et 18,6 milliards d'euros.

« Ce manque de capitaux a notamment entraîné la perte de deux entreprises de pointe en 2016 : DeepMind[196], entreprise britannique pionnière dans l'IA rachetée par Google pour 500 millions de dollars ; Kuka, entreprise robotique allemande, rachetée par le chinois Midea pour 4,5 milliards de dollars[197]. »

Selon la Commission européenne, 240 000 Européens travaillaient dans la Silicon Valley en 2017.

À propos des GAFAM, le rapport du Sénat rappelle : « Ces grands groupes sont également très présents en dehors de leurs frontières en exerçant une double action. En premier lieu, ils rachètent de façon quasi systématique toute entreprise innovante en matière d'IA pour renforcer leurs propres capacités et étouffer la concurrence. En outre, ils exercent aussi leur influence *(soft power)* au profit de leurs intérêts dans les enceintes internationales de normalisation et de régulation à l'image de ce qu'ils ont pratiqué dans les instances techniques de régulation de l'Internet[198]. »

En Europe, malgré le mythe des « champions nationaux », les dirigeants et les sociétés multinationales sont plus sensibles aux soubresauts du marché et à la volonté de leurs actionnaires (le capital des grands groupes français est détenu majoritairement par des étrangers) qu'à l'intérêt national, trop souvent jugé comme une survivance obsolète freinant les initiatives. La déférence à l'égard des États-Unis, très nette dans les milieux stratégiques européens, existe aussi dans les milieux économiques. Il y a très souvent un complexe d'infériorité, la perception inexacte que les capacités de coercition des États-Unis sont bien plus fortes que celles de l'UE. Le cas de Total, même s'il ne concernait pas l'IA, est emblématique. La France avait créé les sociétés la Compagnie française de pétrole et ELF pour ancrer son indépendance énergétique. Ce qu'elles ont fait étant souvent le bras armé de la diplomatie française. Aujourd'hui, le P.-D.G. de Total reconnaît ne pas vouloir violer l'embargo décidé par l'administration Trump sur l'Iran, alors qu'Emmanuel Macron et les autres dirigeants européens s'y opposent, car un tiers de ses actionnaires sont américains. Et une secrétaire d'État à l'économie, Mme Pannier-Runacher, peut, sans susciter l'émoi, comparer la France à une boîte de Smarties en évoquant l'importance des investissements d'un fond américain, Blackrock[199].

Comment réagir ?

Dans un entretien avec l'auteur, Laurent Alexandre explique : « L'idée de remuscler les Européens dans l'état actuel est difficile. L'Union européenne a toujours préféré protéger le consommateur que le producteur. Nous avons donc permis un meilleur accès aux consommateurs et nous n'avons pas cherché à construire des champions européens[200]. » Il va plus loin : « Si nous voulions cesser d'être des "crapauds numériques", l'Europe devrait rééquilibrer sa politique en faveur des opérateurs et réduire les droits des consommateurs[201]. » Faut-il nécessairement réduire les droits des consommateurs pour constituer des géants ? C'est loin d'être certain. Le règlement RGPD est vu par beaucoup comme un frein qui réduit les marges de manœuvre des entreprises. Il peut être également envisagé comme un modèle attractif. Quelles sont dans ce contexte les portes de sortie pour l'Europe ?

Le règlement général
sur la protection des données (RGPD)

Ce règlement européen a été adopté par le Parlement européen en avril 2016, après quatre années de négociation. Il devient applicable sur l'ensemble du territoire européen à compter de mai 2018. Il constitue sans aucun doute l'une des lois les plus ambitieuses au monde s'agissant de la protection des utilisateurs concernant le traitement des données à caractère personnel et de la libre circulation de ces données. Il vise aussi bien à protéger les droits des utilisateurs qu'à responsabiliser les acteurs de la gestion et du traitement de données. Il permet à l'Union européenne de se doter d'un outil unique pour l'ensemble de ses membres et ainsi de pouvoir imposer à tous les acteurs étrangers agissant sur le territoire européen cet unique règlement (voir l'encadré « Privacy Shield » page 163).

Si, pour les utilisateurs, l'application d'un tel règlement semble se limiter à ne cocher que quelques cases pour accéder à un site marchand, il a permis de faciliter les dépôts de plaintes d'utilisateurs s'estimant lésés s'agissant du traitement de leurs données (+ 30 % en France en moins d'un an, deux fois plus de plaintes en Irlande après un an d'application du règlement).

De telles plaintes sont notamment examinées par le Comité européen de la protection des données EDPB, créé en 2018 pour s'assurer de la bonne mise en œuvre du RGPD. Les procédures ouvertes peuvent alors venir nourrir ou être à l'origine d'enquêtes contre les GAFAM. Le RGPD permet aux autorités compétentes d'imposer des amendes d'ampleur (jusqu'à 4 % du chiffre d'affaires) en cas de manquement.

Après plus de deux années d'existence, et bien qu'il soit un règlement strict et pas toujours évident à mettre en place pour les entreprises concernées, le RGPD s'est imposé comme le véritable standard au niveau mondial s'agissant de la protection des données.

Cédric Villani ne veut pas céder au pessimisme : « L'Europe peut quant à elle mettre en avant un marché de près de 500 millions de consommateurs, une recherche de pointe, des leaders économiques mondiaux et une puissance financière qui, même si elle est naturellement fragmentée, n'a rien à envier aux géants de la discipline[202]. »

Philippe Coste affirme également que « c'est par le biais de la protection de la concurrence que l'on peut essayer de limiter l'influence des GAFAM. C'est le cas aux États-Unis où il y a de plus en plus de débats sur le démantèlement des GAFAM[203] ». L'Union européenne tente déjà depuis quelques années de contrer l'action des GAFAM par le biais de la concurrence. Le 18 juin 2018, la Commission européenne infligeait à Alphabet (maison mère de Google) une amende de 4,34 milliards d'euros pour pratiques illégales et anticoncurrentielles à travers son système d'exploitation pour Smartphone, Android. Cette amende représentait 4,5 % de son chiffre d'affaires annuel. Google imposait aux fabricants d'appareils Android et aux opérateurs de réseaux que le trafic soit dirigé vers le moteur de recherche de Google, au détriment des concurrents, et donc des consommateurs pour qui le choix était restreint. La Commission avait déjà condamné la firme américaine à une amende de 2,42 milliards d'euros en 2017 pour abus de position dominante pour son service Google Shopping. La commissaire européenne à la concurrence, Margrethe Vestager, allait s'attirer durablement les foudres de Donald Trump.

Bien sûr, ces réactions européennes ne sont pas acceptées par les États-Unis, et pas seulement du temps de Donald Trump. Les démocrates sont d'ailleurs plus proches des GAFAM, généreuses donatrices pour les campagnes électorales, que ne le sont les républicains. Le 13 février 2015, Barack Obama s'en prenait très durement aux Européens sur la question : « Parfois, ce qui est présenté (en Europe) comme de grands principes sur certaines questions est en fait conçu uniquement pour protéger leur intérêt commercial » et ce parce que les prestataires européens « ne sont pas capables de rivaliser avec les nôtres ». Il parlait là spécifiquement, avec Kara Swisher de Recode, de la législation européenne sur la protection des données personnelles, et défendait un point de vue clairement calqué sur celui du lobbying européen de la Silicon Valley[204]. Selon le point de vue exposé par l'ancien président américain, la législation européenne, pourtant applicable aussi bien aux entreprises américaines qu'européennes, viserait uniquement à détruire les parts de marché des sociétés américaines.

« Nous avons possédé l'Internet, nos sociétés l'ont créé, l'ont élargi, et l'ont perfectionné de manière à pouvoir y réussir », a soutenu l'ancien président américain pour justifier la position avantageuse des sociétés américaines sur le marché européen. Il poursuivait « À la décharge de Google et Facebook, parfois la réaction européenne (en matière de protection des données personnelles) est plus justifiée par des raisons commerciales que par quoi que ce soit d'autre[205]. »

Le 12 novembre 2020, Sandar Pichai, P.-D.G. de Google, s'entretenait en visioconférence avec Thierry Breton. Le commissaire européen lui montrait un document confidentiel interne à Google, développant une stratégie pour contrer une nouvelle législation numérique en cours d'élaboration à Bruxelles : le Digital Service Act. Les méthodes utilisées par Google allaient de la volonté de recourir aux services de l'État américain, de mobiliser les alliés transatlantiques pour contrer la Commission, à jouer sur les divisions entre les services de Bruxelles. Le P.-D.G. de Google déclarait qu'il n'était pour rien dans l'élaboration de ce document mais qu'il en assumait la responsabilité. On n'est pas obligé de croire qu'il n'en connaissait pas l'existence, mais cela montre, si besoin en était, la capacité des GAFAM à modifier la politique des États[206].

La stratégie de l'Union européenne

Dès 2018, l'Union européenne avait exposé une stratégie intitulée « L'intelligence artificielle pour l'Europe » qui venait définir les grandes lignes de la vision européenne en la matière. La nouvelle commission d'Ursula von der Leyen a rapidement voulu compléter cette stratégie et se saisir du défi de l'IA en lui donnant un cadre légal. Si la présidente de la Commission souhaitait légiférer sur la question dans les cent jours suivant sa prise de fonction sur la question, c'est finalement un livre blanc qui a été publié en février 2020, intitulé *Intelligence artificielle – une approche axée sur l'excellence et la confiance*, ainsi qu'un rapport destiné au Parlement et au Comité économique et social européen intitulé *Rapport sur les conséquences de l'intelligence artificielle, de l'Internet des objets et de la robotique sur la sécurité et la responsabilité*. Ces deux documents viennent donc fixer le cadre de la future législation européenne. Leurs titres témoignent clairement de la volonté de l'UE de prendre une position éthique sur la question, tout en souhaitant amorcer une croissance de l'utilisation de l'IA dans l'économie européenne pour rattraper son retard par rapport à ses concurrents chinois et américains. La Commission affirme ainsi avoir un « double objectif de promouvoir le recours à l'IA et de tenir compte des risques associés à certaines utilisations de cette nouvelle technologie ».

Le livre blanc de la Commission européenne se veut une réaction volontariste à ce retard accumulé. On peut y lire : « L'Europe peut combiner ses atouts technologiques et industriels avec une infrastructure numérique de haute qualité et un cadre réglementaire fondé sur ses valeurs fondamentales pour devenir un acteur mondial de premier plan en matière d'innovation dans l'économie fondée sur les données et dans ses applications » ; « Il est capital que l'IA européenne soit fondée sur nos valeurs et nos droits fondamentaux telles que la dignité humaine et la protection de la vie privée » ; « L'utilisation des systèmes d'IA peut jouer un rôle fondamental dans la réalisation des objectifs de développement durable. »

La Commission veut voir le verre à moitié plein et se montre optimiste : « L'Europe est bien placée pour tirer parti du potentiel de l'IA non seulement comme utilisatrice, mais aussi en tant que créatrice et productrice de cette technologie. Elle dispose d'excellents centres de recherche et de start-up innovantes, occupe une position de premier plan au niveau mondial en ce qui concerne la robotique et possède des secteurs manufacturiers et de fourniture de services compétitifs dans des domaines aussi divers que l'automobile, les soins de santé, l'énergie, les services financiers ou l'agriculture[207]. » L'objectif est même chiffré à « un montant total de 20 milliards d'euros par an dans l'IA au cours de la prochaine décennie[208] ».

Réglementer les transferts
de données de l'UE vers les États-Unis

Dans le cadre des lois européennes de protection des données des citoyens européens (dont le RGPD), il est interdit pour une entreprise possédant des données de citoyens de les exporter vers l'extérieur de l'UE. Des exceptions concernant certains pays, estimés « adéquats » puisque disposant d'une législation similaire à la législation européenne (notamment Andorre, Argentine, Israël, Japon, Nouvelle-Zélande, Suisse, Uruguay[209]), ont été établies. Les États-Unis n'en font pas partie, car ils n'ont pas de législation de ce type au niveau fédéral. Mais interdire l'échange de données entre les deux rives de l'Atlantique est irréaliste, d'où la nécessité de trouver un mécanisme.

Safe Harbor (2001-2015)

Le Safe Harbor fut très décrié en son temps pour n'être basé que sur la « confiance » sans système de vérification à proprement parler. Les révélations de Snowden sur l'espionnage de masse de l'Europe par Washington et la collaboration de la NSA avec des groupes privés ont eu raison de cette confiance. Un activiste autrichien militant pour la protection des données, Maximilian Schrems, s'appuyant sur le Safe Harbor, a demandé à Facebook de lui fournir l'inté-gralité des données que l'entreprise possède sur son compte (1 200 pages). Il s'est rendu compte que l'entreprise emmagasinait des données qu'il avait pourtant supprimées. Il a alors déposé 22 plaintes contre Facebook. Après un long processus judiciaire, la cour de Justice de l'UE a, dans le cadre de cette affaire, finalement déclaré le Safe Harbor incompa-tible avec le droit européen en matière de données personnelles.

Privacy Shield (2016-2020)

La Commission européenne a donc négocié un nouvel accord avec le département du Commerce américain, le Privacy Shield, adopté en juillet 2016.

Concrètement, celui-ci doit permettre à l'UE d'obliger les entreprises américaines à un plus grand respect des règles de protection des données qu'auparavant, s'approchant de celles du RGPD (voté en 2016 et entré en vigueur en 2018). Les exceptions restent nombreuses notamment en cas de « Lutte contre le terrorisme; Révélation des activités des puissances étrangères; Lutte contre la prolifération des armes de destruction massive; Cybersécurité; Protection des forces américaines et alliées; Lutte contre les menaces criminelles transnationales[210] », et la menace de la surveillance de masse continue de nourrir des craintes en Europe. Ce d'autant plus depuis le Cloud Act (2018) venu s'ajouter au Patriot Act (2001), par lesquels les États-Unis s'octroient l'utilisation de certaines données privées en cas de menace à leur sécurité (concept semble-t-il assez large outre-Atlantique). Une nouvelle plainte de Max Schrems contre Facebook aboutit devant la cour de Justice européenne, qui rend sa décision en juillet 2020 et invalide le Privacy Shield. Si la Cour estime qu'il est légitime que les entreprises américaines puissent utiliser les données européennes, elles ont l'obligation de s'adapter au droit européen. C'est en cela qu'elle juge l'accord trop laxiste en termes d'exigences et de vérifications à l'égard des entreprises américaines[211].

Un nouvel accord va désormais devoir être négocié pour faciliter ces transferts et usages de données. En attendant, les entreprises qui souhaitent pouvoir transférer ces données outre-Atlantique doivent elles-mêmes se soumettre au RGPD.

Pays jugés adéquats au transfert de données depuis l'UE

Les législations sur les données personnelles du point de vue de l'UE[212]	
Pays jugés adéquats par l'UE	Andorre, Argentine, Israël, Japon, Nouvelle-Zélande, Suisse, Uruguay, Royaume-Uni
Pays en adéquation partielle	Canada
Autorité indépendante et lois sur les données personnelles	États-Unis, Mexique, Costa Rica, Colombie, Pérou, Chili, Afrique du Sud, Angola, Gabon, Ghana, Côte d'Ivoire, Burkina Faso, Mali, Sénégal, Niger, Maroc, Tunisie, Albanie, Monténégro, Macédoine du Nord, Bosnie-Herzégovine, Serbie, Moldavie, Ukraine, Turquie, Géorgie, Arménie, Corée du Sud, Philippines, Malaisie, Australie
Autres types de législations personnelles	Brésil, Paraguay, Nicaragua, République dominicaine, Bahamas, Mauritanie, Algérie, Guinée, Nigeria, Tchad, Kenya, Ouganda, Mozambique, Zambie, Zimbabwe, Namibie, Lesotho, Île Maurice, Madagascar, Indonésie, Thaïlande, Népal, Vietnam, Chine, Taïwan, Russie, Azerbaïdjan, Qatar

Atouts et faiblesses européennes

L'UE se veut un acteur majeur de « l'économie fondée sur les données et ses applications ». Cela passe par la création et le développement d'un écosystème européen d'intelligence artificielle, un écosystème qu'elle souhaite « de confiance » et qui soit bénéfique aussi bien au citoyen qu'à l'entreprise et qu'au domaine public.

Si le livre blanc de la Commission rappelle les domaines d'application de l'IA dans lesquelles l'Europe est innovante et en pointe (automobile, santé, énergie, services financiers, manufacture, agriculture), mais également la quantité de données publiques et industrielles qu'elle a en sa possession et qui sont un atout majeur dans le développement de l'IA, elle reconnaît qu'elle accuse un certain retard vis-à-vis de ses principaux concurrents chinois et américains. Ainsi, l'UE a certes financé la recherche et l'innovation en IA à hauteur de 1,5 milliard d'euros (au total) sur les années 2017, 2018 et 2019, mais en 2016, l'ensemble des investissements public et privé en intelligence artificielle n'ont atteint que 3,2 milliards d'euros, contre 12,1 en Amérique du Nord et 6,5 en Asie. L'Europe prévoit donc de poursuivre ses investissements financiers dans ce domaine.

Sur le plan de la formation scientifique, sur les 59 médailles Fields décernées depuis la création du prix, l'Europe en compte 25 (dont 12 pour la France), les États-Unis 13 et la Chine une. Plus spécifiquement en matière d'IA, l'Union compte presque autant de chercheurs que les deux grands réunis et publie 20 % du total des communications qui en traite, soit autant que les États-Unis et presque autant que la Chine[213].

Mais il y a un déficit de plusieurs centaines de milliers d'experts en numérique. L'Europe n'offre pas assez de cursus spécialisés sur l'IA. Selon Gilles Babinet : « Il faut une coordination sur quatre points : la régulation de toutes les données souveraines hébergées en Europe ; susciter un marché sur les données européennes ; un plan Marshall de la formation numérique, en créant un LMD numérique ; un système d'armes – il faut une coordination européenne intégrée[214]. »

Jean-Louis Gergorin rappelle que depuis 1960, l'Union européenne a dépensé 85 milliards d'euros constants en innovation tandis que la DARPA (agence américaine pour les projets de recherche avancée de défense) en dépensait 65 milliards. Pourtant, cette dernière a eu plus le succès. Les structures européennes censées favoriser l'innovation ont de l'argent, mais elles le dépensent sous forme de saupoudrage car elles considèrent que leur rôle est de faire de la répartition. Il faut donc nécessairement, pour obtenir un contrat, s'associer à des structures dans d'autres pays européens[215].

Thierry Breton, commissaire européen au Marché intérieur, déclarait lors du forum annuel de la Fondation prospective et innovation[216] : « Dans cette première vague des données personnelles, il faut appeler un chat un chat et l'Europe n'a pas aussi bien réagi que les États-Unis et la Chine, les États-Unis avec un continent totalement unifié et la Chine un marché homogène de 1,3 milliard d'habitants, alors que l'Europe était fractionnée en 28 marchés. Pour autant, avons-nous perdu la guerre des données ? Absolument pas ! Car la vraie bataille, la vraie guerre, la vraie valeur ajoutée, elle est dans les données industrielles et c'est là que la 5G prend tout son sens : smart cities, voitures autonomes, etc. »

Pour Cédric Villani, il est inutile d'essayer de rattraper les domaines dans lesquels nous avons beaucoup de retard sur l'Amérique. Selon lui, concernant les données personnelles, l'affaire est pliée d'avance par les grands réseaux sociaux. En revanche, s'agissant des données industrielles, de la santé, de l'exploitation des données environnementales et bien d'autres secteurs, il estime que l'Europe peut jouer un rôle majeur[217].

Thierry Breton est particulièrement bien placé pour occuper son poste. Il a une expérience gouvernementale (il a été ministre de l'Économie) et privée (il a dirigé la firme Atos). Dès 1983, il publiait un roman très remarqué et prémonitoire, *Softwar*. Mais il n'a pas la maîtrise des allocations des ressources, qui sont de la compétence du commissaire à la recherche. Il précisait : « Actuellement, au niveau mondial il y a 40 000 milliards de données, ce chiffre double tous les 18 mois. À la fin de mon mandat, il y en aura 175 000 milliards. » Le commissaire insiste sur la nécessité de créer des *clouds* en Europe afin d'y stocker les données européennes.

Les États-Unis commencent à avoir un problème d'attractivité. Trump a réduit les visas et le *brain drain* en faveur des États-Unis se ralentit fortement. La Silicon Valley est saturée, il devient difficile d'y vivre : les prix ont augmenté de façon irrationnelle. La vie n'y est plus aussi agréable. Beaucoup de Français et d'Européens attendent une bonne opportunité pour revenir en Europe. Marie David et Cédric Sauviat observent ainsi que « Les dents commencent pourtant à grincer dans la Silicon Valley : les bus Google ont suscité de violentes réactions parmi la population locale. Le salaire médian d'un employé de Facebook ou Google est cinq fois supérieur à celui d'un serveur ou d'un agent de sécurité, et les grandes firmes, qui investissent des quartiers de San Francisco jusquelà réservés à des habitants plus modestes, ont dû mettre en place des cours de self-défense pour que leurs salariés puissent rentrer sains et saufs chez eux[218]. »

Sortir de la naïveté

On entend de plus en plus qu'il est temps que l'Europe sorte de la naïveté. Qu'elle mette en place une véritable politique industrielle. Elle a parfois empêché des fusions destinées à créer des champions européens pour ne pas porter atteinte aux intérêts des consommateurs européens, pour le plus grand bonheur des géants chinois et américains. L'UE a trop longtemps considéré le marché comme l'alpha et l'oméga. Or, nos concurrents chinois et américains n'hésitent pas à jouer la carte de la préférence nationale et du protectionnisme.

Nous avons des différends et des divergences avec la Chine. Nous ne partageons pas le même régime politique. Nous nous opposons à la politique de Pékin concernant les Ouïghours, Hong Kong, etc. Nos intérêts peuvent parfois être en concurrence directe, parfois convergents. Avec les États-Unis, nous partageons un socle de valeurs communes mais nous nous séparons sur le multilatéralisme, de façon vive du temps de Trump, de façon sûrement moins nette, mais néanmoins réelle quand viendra le temps de Biden. L'application extraterritoriale de la législation américaine et leur conception d'un monde où leur hégémonie est conçue comme aussi bienveillante que naturelle nous opposent également.

Il ne faut pas être naïf dans l'utilisation de l'argument des droits de l'homme par les États-Unis pour critiquer la Chine. Nous savons depuis longtemps que celle-ci est à géométrie variable et très souvent une instrumentalisation géopolitique de valeurs affichées. La Chine n'a pas nourri le terrorisme en envahissant de façon illégale un pays du Golfe et n'a pas condamné à de lourdes amendes des sociétés européennes pour non-respect de lois chinoises.

La bataille pour la suprématie mondiale à laquelle se livrent Pékin et Washington ne nous concerne pas, nous, Européens. Nous n'avons pas à être enrôlés comme supplétifs ni par l'un ni par l'autre, sachant que la pente « naturelle » nous conduirait vers l'oncle Sam. Nous voulons juste défendre nos intérêts et nous faire respecter.

Les années Trump ont été un cruel rappel à la réalité. L'UE a été déclarée ennemie par le président du pays dont nous attendons protection. Le prochain sera plus affable, mais il défendra les intérêts de son pays habitué au leadership et à la conviction d'être la seule nation indispensable. Nous serons moins malmenés, mais ne nous attendons pas à être traités sur un pied d'égalité : les États-Unis ne le font avec personne.

Il est temps de sortir de notre somnambulisme stratégique[219], ne serait-ce que pour être pris plus en considération par notre partenaire américain. Nous ne devons pas dépendre du choix fait tous les quatre ans par les habitants du Michigan.

Thierry de Montbrial, président de l'IFRI, a même proposé une déclaration Schuman sur l'intelligence artificielle[220].

L'intelligence artificielle est une base essentielle de la puissance de demain. Si l'Europe veut être maîtresse de son destin et non pas la spectatrice passive d'une Histoire qui s'écrit sans elle, elle doit se lancer de façon volontaire et organisée dans cette course. Il y a un consensus pour estimer que le virage ne peut être manqué.

Cédric Villani souligne que le dossier éthique est un domaine où l'Europe est toujours leader. Il était nécessaire de mettre en place le RGPD et elle est en train de s'imposer en dehors de l'Europe[221]. L'UE et les États-Unis peuvent-ils coopérer pour réduire l'influence des GAFAM et rétablir un rapport de force plus favorable ? Ce serait dans l'intérêt mutuel des puissances régaliennes. Mais la tentation du nouveau président américain ne sera-t-elle pas de leur lâcher la bride pour affronter leurs concurrents chinois ? Il faudra également suivre de près ce que donnera le partenariat mondial sur l'intelligence artificielle hébergé par l'OCDE.

La nouvelle Commission européenne mise en place en 2019 a affirmé, par la voix de sa présidente Ursula von der Leyen, qu'elle voulait être géopolitique. Charles Michel, Josep Borrel, Thierry Breton, Margrethe Vestager partagent cette conviction et cette détermination. Ils agissent en équipe, font preuve de volontarisme et ont conscience de leurs responsabilités historiques face aux enjeux majeurs qui attendent l'Europe. Ils ont lancé un mouvement. Le sentiment est partagé : les choses bougent – dans la bonne direction – à Bruxelles. Sous l'impulsion de la nouvelle commission, des coopérations sur l'IA ont été établies avec le Japon, le Canada, l'Australie, la Corée du Sud, etc. Bref, une sorte d'alliance du multilatéralisme appliquée à l'IA, ou le « front des non-alignés appliqués à l'IA » selon une autorité gouvernementale française[222]. L'objectif est de passer de 5 à 6 milliards d'euros d'investissement par an à 10 milliards, pour jouer dans la même cour que la Chine ou les États-Unis. Les 27, souvent divisés, sont plutôt unis sur les enjeux de l'IA. La transformation numérique a été accélérée par la crise du Covid-19. Il y a désormais une perception commune qui échappe aux clivages habituels.

L'Europe peut créer un modèle s'écartant de l'approche verticale chinoise et du laisser-faire américain, concilier performance et respect des droits des individus, mettre le progrès technologique au service de la protection du climat et de la réduction des inégalités. Il est encore temps d'agir.

Galileo, l'exemple d'un (finalement) succès européen

En 1999, la Commission européenne et l'agence spatiale européenne lancent le projet d'un système de géolocalisation indépendant distinct des systèmes américain GPS, russe Glonast et chinois Beidou : Galileo.

Ce système est dual : il peut aussi bien être utilisé pour la défense et la télécommunication que les transports, les puces de smartphone, bref, tout ce qui nécessite la géolocalisation.

Les États-Unis voient d'un mauvais œil le développement d'un système européen indépendant. Leur système GPS, dérivé d'une application militaire, est devenu totalement opérationnel à partir de 1995.

Washington a dans un premier temps refusé l'intero-pérabilité entre Galileo et GPS au nom d'impératifs de sécurité nationale. Il y a même eu des menaces américaines de détruire les satellites européens.

Le projet Galileo a eu beaucoup de difficultés à voir le jour, du fait des mésententes et rivalités européennes et des menaces américaines. Son budget initial de 4,6 milliards a fortement augmenté pour atteindre 13 milliards, dont 2,4 payés par la France. Il est jugé plus performant que le système américain. L'agence européenne GSA est chargée de son exploitation. En 2020, 26 satellites sur les 30 prévus sont en activité.

Chapitre 7

La France dépassée ?

Un enjeu de souveraineté

En juillet 2019 se tenait à Bercy la présentation du volet économique de la stratégie nationale d'intelligence artificielle au cours d'un événement baptisé « L'intelligence artificielle au service des entreprises ». Bruno Lemaire, ministre de l'Économie, et Cédric O, secrétaire d'État au numérique, tenaient des discours convergents, reconnaissant l'existence d'un retard français et européen en matière d'IA tout en se voulant rassurants sur le fait que ce retard n'était pas inéluctable. Le rapport que le député Cédric Villani, par ailleurs médaille Fields, avait rendu en mars 2018 allait dans le même sens.

La revue stratégique de défense et de sécurité nationale publiée en octobre 2017 sous la présidence d'Arnaud Danjean, député européen, évoquait ce défi de l'IA : « La maîtrise de l'intelligence artificielle représentera un enjeu de souveraineté, dans un environnement industriel caractérisé par des innovations technologiques rapides et aujourd'hui dominé par les entreprises étrangères[223]. »

Pour Bruno Le Maire, « l'IA constitue la rupture technologique fondatrice pour les économies du XXIᵉ siècle. L'intelligence artificielle fera le partage entre les nations qui resteront leader au XXIᵉ siècle et les nations qui seront dominées au XXIᵉ siècle (...) nous devons donc maîtriser et non subir cette technologie. » Il ajoute : « L'IA fera rapidement des vainqueurs et des vaincus, d'abord entre les États : entre ceux qui la maîtriseront et ceux qui la subiront. Mais aussi entre les entreprises : celles qui auront pris le tournant, et celles qui ne l'auront pas pris. »

Le plan Calcul

Bull est dans les années 1960 la seule entreprise française capable de construire des ordinateurs. En 1964, elle passe sous contrôle de la firme américaine General Electric.

Cette affaire est un électrochoc pour la France qui prend conscience qu'elle ne peut laisser un domaine aussi stratégique que l'informatique aux mains d'une puissance étrangère. C'est inacceptable pour De Gaulle. Le plan « Calcul pour le développement d'une industrie informatique française » est lancé en septembre 1966. Sont créés l'IRIA (Institut de recherche d'informatique et d'automatisme), devenue INRIA, en janvier 1967, et la Compagnie internationale pour l'informatique (CII) en décembre 1966. Cette entreprise privée soutenue par l'État a pour vocation de devenir un champion français de la production d'ordinateurs *made in France*. Mais rapidement, la nouvelle CII réoriente ses activités pour produire des ordinateurs américains sous licence et abandonne l'ambition du projet 100 % français, trop compliqué aux yeux des actionnaires.

L'objectif assumé de la France est d'être le leader européen en termes d'IA, et d'être dans le top 5 des pays experts en IA. Dès lors, quelle est la stratégie française pour assurer et confirmer cette place ?

Développer une offre d'IA

Alliance privé-public

Selon Bruno Le Maire, il ne faut pas reproduire les erreurs effectuées dans le domaine de la robotique : à trop croire que les robots allaient détruire les emplois, la France a cessé les innovations et développements dans ce domaine. Or, les robots créent des emplois, notamment dans l'industrie. « Il y a 19 robots pour 1 000 salariés en France contre 34 en Allemagne. Et on constate que la désindustrialisation a été bien plus forte en France qu'en Allemagne. (...) Maîtrisons d'abord ces technologies avant de voir comment les encadrer, mais ne subissons pas les révolutions technologiques en cours. »

Sur le plan des robots, la situation n'est pas si mauvaise. « Aujourd'hui, la France fait partie des trois premiers utilisateurs de robots industriels au sein de l'Union européenne : son stock opérationnel d'environ 42 000 unités est environ le double du stock du Royaume-Uni qui compte 21 700 unités. Le principal utilisateur de l'UE reste l'Allemagne, qui dénombre un stock opérationnel d'environ 221 500 unités, soit environ cinq fois le stock de la France, suivie de l'Italie avec un stock opérationnel de 74 400 unités[224]. » Les installations annuelles ont augmenté de 16 % par an sur la période 2014-2019[225].

La France lance un plan total de 1,5 milliard d'euros d'investissement dans l'IA entre 2019 et 2022, dont 650 millions dans la recherche et 800 millions dans l'amorçage et la commercialisation des premiers projets en IA, grâce au plan Deeptech de la BPI (Banque publique d'investissement). À cela s'ajoute un plan « d'innovation de rupture » qui vient financer des projets innovants, notamment en IA. Pourquoi un tel plan d'investissement public ? Il n'est aujourd'hui pas rentable pour les entreprises privées d'investir dans de telles technologies dont nous ne connaissons pas encore les capacités et la faisabilité : c'est donc à la puissance publique de les prendre en charge.

Les financements et leur orientation seront notamment gérés par la BPI, qui a recensé 660 start-up de l'IA en 2019[226], dont plus de 250 ont levé au total 2 milliards d'euros dans l'intelligence artificielle[227]. La BPI a le rôle de promoteur pour attirer des investisseurs en France.

La formation, élément essentiel

« La bataille pour l'intelligence artificielle est d'abord une bataille pour l'intelligence humaine », déclarait Cédric O. Il faudrait donc, selon lui, s'inspirer du système américain pour faire venir des cerveaux, des entreprises (types Google, Facebook), créer et entretenir un écosystème de l'intelligence artificielle en France. Cela passe également par l'alliance du privé et du public, de l'université et des entreprises en l'occurrence. La France a déjà pris des mesures en ce sens, permettant par exemple aux chercheurs et professeurs d'université de consacrer 50 % de leur temps à une activité dans le privé, contre 30 % auparavant.

Bruno Le Maire souligne l'enjeu essentiel de la formation : la France est en retard concernant le nombre de développeurs, de *data scientists*, d'ingénieurs, de chercheurs dans le domaine de l'IA. C'est en ce sens que quatre instituts interdisciplinaires de l'intelligence artificielle (3IA) ont été lancés en 2018 au sein des universités de Grenoble, Nice, Toulouse et Paris, dotés d'un total de 100 millions d'euros pour quatre ans[228]. Cette implication des pouvoirs publics dans la création d'instituts de formation spécialisés dans l'IA complète des initiatives privées elles aussi venues combler le déficit de formation en IA en France, comme l'école IA Microsoft d'Issy-les-Moulineaux ouverte en 2018[229].

La France s'est aussi fixé comme objectif de créer 40 chaires en IA au sein des universités dès 2019, et ainsi de doubler le nombre de docteurs en IA. L'Agence nationale de la recherche bénéficiera également d'un renforcement à hauteur de 100 millions d'euros[230], notamment orientés vers l'IA. À cela s'ajoutent 15 millions d'euros pour soutenir la coopération avec l'Allemagne et avec l'Union européenne dans le domaine, ainsi que 100 millions d'euros pour les « Grands Défis », programmes de recherches ciblés[231].

Dans son rapport, Cédric Villani pointe certains problèmes concernant la formation : « Les capacités françaises de formation universitaire et d'encadrement au niveau master ou doctorat sont devenues critiques. Les filières master du domaine sont contraintes de refuser des étudiants brillants tant leurs salles de cours sont bondées. (...) Un autre mal endémique dont souffre la recherche française concerne sa faible performance en termes de valorisation et de transfert vers l'industrie[232]. »

Il déclare deux ans plus tard : « Il y a quelques années, on pouvait encore dire que les sciences mathématiques françaises étaient peu touchées par la fuite des cerveaux. Aujourd'hui, on peut dire qu'il y a une vraie fuite vers les grands laboratoires américaines. » Il constate que certains de ses collaborateurs et même des membres de son équipe constituée pour le rapport parlementaire dont il a eu la charge ont été embauchés par des groupes américains[233].

Construire une confiance locale

Sur le plan des capacités de calcul, un nouveau supercalculateur, l'un des plus puissants d'Europe, a été installé sur le plateau universitaire de Saclay en 2019. Plus de 170 millions d'euros seront débloqués d'ici 2022 pour développer les moyens de calcul dédiés à l'IA en France[234]. En Europe, le problème est l'accès au marché. Ce ne sont pas les fonds qui manquent mais il est très difficile pour une start-up française d'avoir accès au marché des autres pays européens. Les grands groupes donnent rarement leurs chances aux start-up. Selon Jean-Louis Gergorin, « Une start-up interne d'un grand groupe français n'a pu répondre à un appel d'offres d'une division de ce groupe car elle ne remplissait pas les critères de solidité financière et d'ancienneté exigés de tout fournisseur[235]. » Par ailleurs, les grands groupes français confient leur sécurité et leur cybersécurité aux groupes américains ou israéliens. Ils pourraient les confier à des start-up françaises, mais il n'est pas dans leur culture que de faire confiance à des start-up. 80 % du marché du cyber français des protections va à des groupes israéliens et américains.

Il faudrait lever quelques tabous et blocages si on veut réussir en ce domaine. La France a des écoles d'ingénieurs exceptionnelles et une école de mathématiques de premier plan. Elle sait former les talents. Problème : elle sait moins les conserver. En octobre 2020, on s'est gargarisé que la Française Emmanuelle Charpentier ait reçu le prix Nobel de Chimie. Mais si Marie Curie, d'origine polonaise, avait conduit ses travaux en France, il y avait plus de vingt ans qu'Emmanuelle Charpentier exerçait hors de son pays natal. Car c'est à l'étranger qu'elle a trouvé les moyens de travailler. Les exemples de spécialistes de niveau mondial qui n'ont pas pu mettre leurs talents au service de la France fourmillent. Citons, parmi de nombreux autres, celui de Mouhamadou Moustapha Cisse. Il commence des études supérieures en physique et mathématiques à l'université Gaston-Berger de Saint-Louis, au Sénégal. Il poursuit un master puis un doctorat en France à l'université Pierre-et-Marie-Curie. En 2016, il est recruté par Facebook France pour travailler sur les questions d'intelligence artificielle, puis il rejoint Google pour prendre la tête du Google AI Research Center à Accra (Ghana), base du groupe pour l'Afrique[236].

Cédric Villani, dans son rapport parlementaire, va dans le même sens : « La France tient une place décisive dans la recherche en IA : des chercheurs français ont participé à fonder l'IA moderne, et l'école mathématique et informatique française rayonne dans le monde entier. Néanmoins, l'hémorragie est toujours plus importante : chaque semaine, des chercheurs sont recrutés par des entreprises privées et souvent étrangères et quittent les laboratoires publics. Il faut donc redonner à la recherche publique les moyens de ses ambitions, au cœur d'un dispositif allant de la formation au transfert et à l'innovation[237]. »

Quelles universités, quels laboratoires peuvent offrir à un jeune scientifique à la fois le salaire et l'étendue des recherches que peuvent lui permettre les GAFAM ? Le seul budget en recherche et développement d'Amazon et Apple est équivalent au budget total du ministère de l'Enseignement supérieur, de la Recherche et de l'Innovation. Elles cumulent rémunération attractive et perspectives de recherches fantastiques, avec un travail dans les meilleures conditions. Un footballeur talentueux quittera un club de son pays d'origine pour aller dans un club plus important non seulement pour le salaire, mais aussi parce qu'il sait qu'il bénéficiera d'infrastructures de soins, de facilités d'entraînement, de perspectives de palmarès que son club d'origine ne peut lui offrir. Il en va de même pour les champions de l'IA. L'avance que les GAFAM ont prise leur donne un avantage gigantesque. Même les entreprises privées françaises ne peuvent s'aligner sur leurs propositions.

Gestion des données

Comme le rappelle Bruno Le Maire, « les données sont le carburant de l'intelligence artificielle ». Cédric O reconnaît un retard irrattrapable concernant l'exploitation et la récolte des données individuelles de l'Europe par rapport à la Chine et aux États-Unis. Ainsi, les données stratégiques doivent être partagées à l'échelle nationale, voire européennes, pour permettre le développement de l'IA. En ce sens, la France souhaite pousser ses grands groupes au partage de données. Thales, Valeo, Air liquide, Dassault Aviation, EDF, Renault, Safran et Total se sont engagés en ce sens.

Mais cela passe également par le partage des données publiques.

S'agissant de la protection des données, la France et l'Europe ont une approche et un modèle différents des États-Unis, qu'il faut, selon le ministre français de l'Économie, assumer : « La protection des données n'est pas incompatible avec la compétitivité en IA. Et il est essentiel, pour notre modèle et pour nos libertés, de garantir la protection de ces données[238]. » Or, le Cloud Act américain va à l'encontre de l'approche européenne et entrave la protection des données. Pour Bruno Le Maire, il faut y répondre de manière intelligente et efficace. Il souhaite pour cela le développement d'un « *cloud* de confiance » pour protéger les données sensibles, ce qui rappelle les projets avortés de « *cloud* souverain »[239].

Cloud Act américain : menace à la souveraineté européenne sur les données

Le Cloud Act est une loi fédérale américaine adoptée en 2018 qui permet aux instances de justice locales et fédérales, pour des questions de sécurité nationale américaine, de forcer l'accès aux données stockées par un fournisseur de *cloud* situé aux États-Unis ou par un fournisseur américain à l'étranger, et ce sans que ni les personnes visées, ni leur pays de résidence, ni les pays de stockage des données ne soient informés de la saisie de ces données. Cette loi s'inscrit dans le contexte d'une procédure entre la justice américaine et Microsoft datant de 2013. Le département de la Justice souhaitait alors avoir accès à une boîte mail contenant des données suspectes hébergées par l'entreprise sur ses serveurs en Irlande. Par cette loi, les États-Unis étendent le principe d'extraterritorialité à la saisie de données. La loi entre en vigueur en même temps que le RGPD européen, témoignant d'une franche rupture transatlantique sur la question des données.

Ce projet de *cloud* de confiance vient relancer l'idée de *cloud made in France* pour concurrencer les offres américaines et surtout protéger les données sensibles françaises. Les appels d'offres ont été lancés par l'État français à l'automne 2019[240] avant qu'un contrat ne soit conclu début 2020 entre l'État et les acteurs de la cybersécurité et du *cloud* que sont OVH, Outscale, Oodrive, mais aussi les grands acteurs technologiques EDF, Thales et Docaposte (La Poste). Dans le cadre du RGPD, Bruno Le Maire renvoie surtout la responsabilité de la protection des données et d'une réponse ferme aux États-Unis à l'UE: « Nous souhaitons qu'entre la nouvelle Commission européenne et l'administration américaine s'engagent le plus rapidement possible des négociations (...) et éviter que les données puissent être saisies de manière autoritaire par l'administration américaine en dehors de tout cadre légal. »

La France est déjà leader sur certains types de données, par exemple les données de la santé. Depuis 2017, le système national des données de santé (SNDS) met à disposition des acteurs privés et publics menant des travaux d'intérêt public les données de santé récoltées et centralisées sur le territoire national (notamment dans le cadre de l'assurance maladie)[241]. Ce dispositif fait de la France un cas unique en matière de récolte des données de santé, mais également au niveau de leur protection (contrairement au cas britannique, par exemple[242]).

Politique et entreprises

Cédric Villani ouvre une autre piste en proposant de « favoriser la convergence de la transition écologique et du développement de l'IA. Sur le plan international, la France a donc les moyens de prendre ce leadership. Elle pourrait premièrement proposer d'étudier les impacts de l'IA sur la réalisation des objectifs onusiens du développement durable (...) La France pourrait proposer la mise en place d'un évènement de grande envergure, sur le modèle de la Cop 21, pour mettre en avant des initiatives exemplaires et à fort impact[243] ». Cela aurait pour autre avantage de renforcer le positionnement diplomatique de notre pays en faveur de la lutte contre le réchauffement climatique.

En réponse aux observations du rapport Villani, le gouvernement estime que l'IA va bouleverser le monde des entreprises, et qu'elle doit et peut servir à l'ensemble des entreprises. Pour cela, il lance les « Challenges IA », dotés chacun d'un fonds de 5 millions d'euros, pour que les grands groupes français acteurs de l'IA coopèrent et entraînent les PME dans le mouvement de l'IA. L'objectif est de faire prendre conscience à l'ensemble des acteurs et domaines économiques que l'IA peut s'adapter à leur structure ou leur activité et de diffuser à l'ensemble des entreprises l'IA nécessaire pour renforcer l'ensemble du tissu économique.

Il y a déjà 10 licornes en France, il devrait y en avoir plus de 25 d'ici 2025.

Combien de responsables politiques s'intéressent à ces questions ? Cédric Villani est un cas vraiment à part.

François Saltiel évoque le cas d'un jeune député qui a fait sa thèse sur l'intelligence artificielle et estime que « ceux qui maîtrisent les enjeux et la portée des nouvelles technologies se comptent sur les doigts d'une main[244] ». Sera-t-il réellement question de l'IA, de ses conséquences sociétales, économiques et géopolitiques dans la campagne pour les élections présidentielles de 2022 ? N'est-ce pas un enjeu dont l'impact sur la France sera sans commune mesure, y compris pour sa sécurité, avec nos débats enflammés sur le voile ? La façon dont la question sera abordée constituera un bon test pour marquer la différence entre une femme ou un homme d'État et une femme ou un homme politique.

Conclusion

Pour Hérodote, l'Égypte était un cadeau du Nil. C'est le fleuve qui a fait sa puissance et sa richesse à partir du moment où ses crues étaient contrôlées par un système de digues et de canaux permettant de bénéficier d'une agriculture prospère. En leur absence, les inondations auraient suscité des catastrophes dramatiques pour la population. Un Nil livré à lui-même est redoutable, un Nil dont on a organisé la régulation est un bienfait.

Le capitalisme a permis une modernisation des sociétés et un accroissement des richesses. Mais si on laisse le marché livré à lui-même, la recherche frénétique de profits toujours plus importants à court terme va s'avérer être porteuse d'inégalités inacceptables, coûteuses pour les équilibres sociétaux et préjudiciables à long terme par défaut d'infrastructures. Le capitalisme a besoin d'être régulé pour être performant sur la durée.

La globalisation a permis de sortir de la misère des centaines de millions de personnes. Elle a aussi développé des inégalités qui, de surcroît, étaient hypervisibles, et est porteuse de menaces d'effacement des identités. La globalisation, pour être acceptable et donc pérenne, doit être régulée.

Il en va de même de la révolution numérique et du développement de l'intelligence artificielle. Il nous faut être reconnaissants aux GAFAM, de manière générale pour nous faciliter la vie quotidienne, nous offrir des perspectives jusqu'ici inconnues, faciliter la communication, l'accès au savoir et à l'information, améliorer la santé, allonger la durée de vie et bien d'autres choses. Mais elles doivent être de bonnes servantes et non de mauvais maîtres. Une régulation est indispensable sauf à déboucher sur un scénario extrême d'une société la plus injuste à l'échelle historique. Les États, les sociétés civiles doivent imposer cette régulation. Les débats sur la révolution qui vient ne sont pas à la hauteur des enjeux. Il est encore temps de mettre les conséquences futures de la révolution numérique pour nos sociétés et pour l'État du monde en tête de liste de nos préoccupations.

Annexe

Pays/régions connaissant le plus de dépôts de brevets IA
dans le monde (source : OMPI 2019)

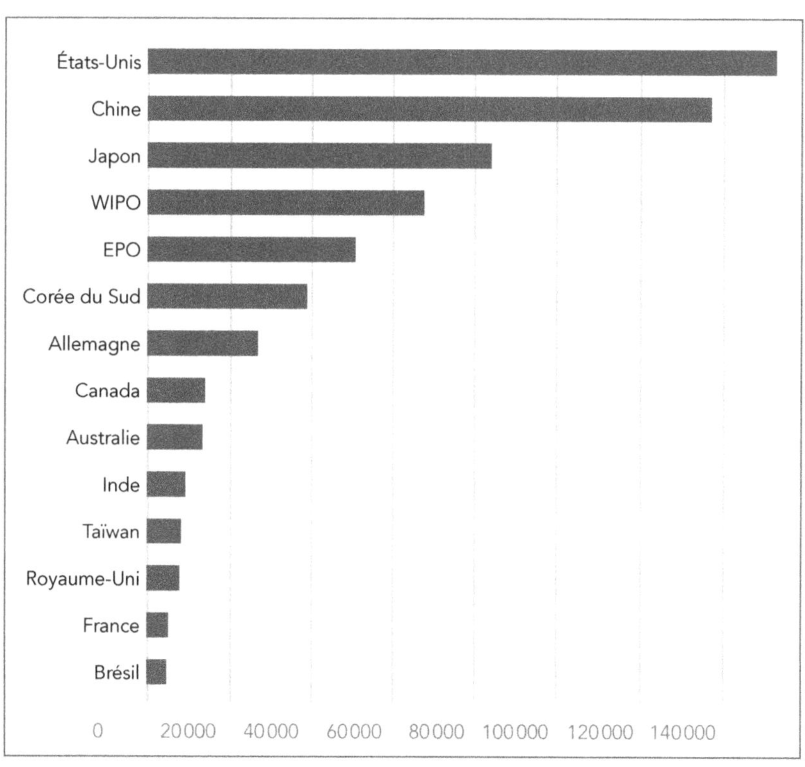

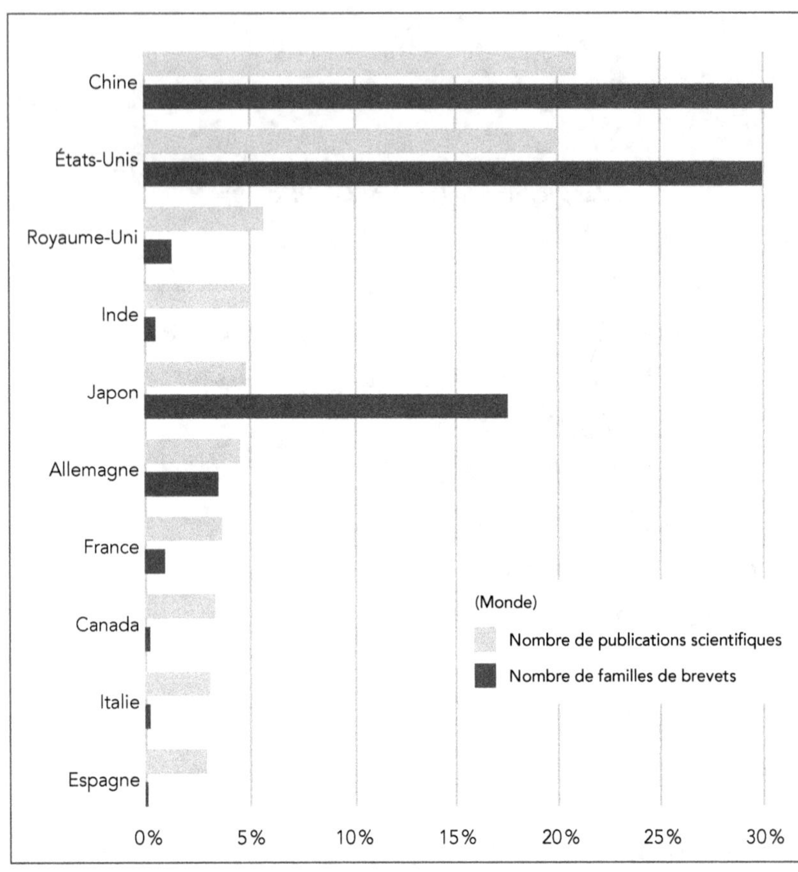

Chine
États-Unis
Royaume-Uni
Inde
Japon
Allemagne
France
Canada
Italie
Espagne
(Monde)
Nombre de publications scientifiques
Nombre de familles de brevets
0 %
5 %
10 %
15 %
20 %
25 %
30 %

Notes

1. Emmanuel Goffi, « L'intelligence artificielle comme facteur de puissance internationale » in *Diplomatie*, juin/juillet 2020.

2. Cité par Jean Gabriel Ganascia in *Le Mythe de la singularité*, Seuil, 2017, p. 10.

3. GAFAM pour Google, Apple, Facebook, Amazon, Microsoft.

4. Eyrolles, 2019.

5. Eyrolles, 2020.

6. Cité par Gilles Babinet in *L'Ère numérique, un nouvel âge de l'humanité*, Le Passeur, 2015, p. 29.

7. Rôle qui ne sera reconnu que dans les années 1970. Il fut poursuivi en justice en 1952 pour homosexualité, pénalisée à l'époque, et choisit la castration chimique pour ne pas être emprisonné. Il sera retrouvé mort, empoisonné au cyanure, deux ans plus tard. Le film *The Imitation Game* (2014) retrace sa vie.

8. Jean-Paul Delahaye, *L'Intelligence artificielle et le test de Turing*, LNA#66, Université de Lille.

9. Le dernier en date concerne le Covid-19 : le vaccin de Moderna et le booster d'anticorps Regeneron sont issus du Pandemic Prevention Program de la DARPA lancé il y a trois ans.

10. Entretien avec l'auteur, 10 novembre 2020.

11. Joëlle Toledano, *GAFA : Reprenons le pouvoir !*, Odile Jacob, 2020.

12. Yann Le Cun, *Qu'est-ce que l'intelligence artificielle ?*, Collège de France, https://www.college-de-france.fr/media/ yann-lecun/UPL4485925235409209505_Intelligence_ Artificielle_______Y._LeCun.pdf

13. Système inventé par Le Cun lui-même qui a permis par exemple à la fin des années 1980 de mettre au point un système automatique de lecture de chèques.

14. Yann Le Cun, *Qu'est-ce que l'intelligence artificielle ?*, op. cit.

15. *Sherif 2020*, annuaire de la fondation Prospective et Innovation, éditions Ginkgo, p. 6.

16. Institut français des relations internationales.

17. Rapport *Intelligence artificielle et politique internationale*, IFRI, novembre 2019, p. 10.

18. Cédric Villani, rapport *Donner un sens à l'intelligence artificielle, pour une stratégie nationale et européenne*, mai 2018.

19. Cité par Marine Guillaume et Benjamin Pajot, *La guerre de l'intelligence artificielle aura-t-elle lieu ?*, Carnet du CAPS, juillet 2018.

20. *Ibid.*

21. *L'Intelligence artificielle au service de la Défense*, ministère des Armées, rapport de la Task Force, septembre 2019, p. 5.

22. *Ibid.*

23. Frédérick Douzet, « Du cyberespace à la datasphère. Enjeux stratégiques de la révolution numérique », *Hérodote*, « Géopolitique de la datasphère », 2e-3e semestre 2020.

24. https://www.diploweb.com/Internet-Geopolitique-de-la-donnee.html

25. *Cf.* Pascal Boniface, *Géopolitique du Covid-19*, Eyrolles 2020 ; *Revue internationale et stratégique*, n° 120, hiver 2020.

26. *Cf.* pages 129-130.

27. Kai-Fu Lee, *IA, la plus grande mutation de l'histoire*, Les Arènes, 2019, p. 45.

28. *Idem*, p. 227.

29. Éditions La Découverte.

30. *The Economist*, 25 juin 2016.

31. *L'Idéologie allemande*, Éditions sociales, 1974, p. 53. Il poursuivait ainsi : « La libération est un fait historique et non un fait intellectuel et elle est provoquée par des conditions historiques, par l'état de l'industrie, du commerce, de l'agriculture. »

32. *Ibid.,* p. 68.

33. Bloomberg, avril 2020.

34. Podcast *Comprendre le monde*, de Pascal Boniface, avec Cédric Villani : « Géopolitique de l'intelligence artificielle », 2 décembre 2020.

35. Christophe Victor, *Le monde qui vient*, Plon, 2019, p. 127.

36. *Ibid.,* p. 253.

37. Gaspard Koenig, *La Fin de l'individu : Voyage d'un philosophe au pays de l'intelligence artificielle*, L'Observatoire/Le Point, 2019, p. 13.

38. *Ibid.,* p. 123.

39. Rapport McKinsey, *Job lost, job gained : What the future of work will mean for jobs, skills, and wages*, novembre 2017.

40. PricewaterhouseCoopers, cabinet d'audit et de conseil.

41. Rapport PWC UK, *Will robots really steal our jobs?*, 2018.

42. Kai-Fu Lee, *L'IA, la plus grande mutation de l'histoire*, *op. cit.*

43. Yuval Harari, *Sapiens*, Albin Michel, 2015, p. 129.

44. Yuval Harari, *Homo Deus*, Albin Michel, 2017, p. 42.

45. *Ibid*, p. 347-348.

46. De nombreuses personnes atteintes de graves maladies se plaignent du caractère parfois froid et insensible des médecins à l'annonce de diagnostics.

47. Christophe Victor, *op. cit.*, p. 130.

48. Cité par Christophe Victor dans *Le monde qui vient, op. cit.*, p. 212.

49. Podcast *Comprendre le monde*, de Pascal Boniface, avec Cédric Villani : « Géopolitique de l'intelligence artificielle », 2 décembre 2020.

50. 3 juillet 2020.

51. Joe Quirk, dirigeant de Blue Frontiers, et Patri Friedman ont récemment publié un essai au sous-titre révélateur : « Comment les nations flottantes vont restaurer l'environnement, enrichir les pauvres, guérir les malades et libérer l'humanité des politiciens » Cité dans *Le Monde*, Yves Eude, « Construire des îles artificielles pour prendre le large », octobre 2018.

52. Francois Saltiel, *La société du sans contact*, Flammarion, 2020, p. 185.

53. Béatrice Jousset-Couturier, *Le Transhumanisme*, Eyrolles, 2016.

54. *Ibid.*, p. 157.

55. François Saltiel, *La Société du sans contact*, Flammarion, 2020, p. 159. Ce type de scénario transfusion-catastrophe a

déjà été évoqué dans le film *Traitement de choc* d'Alain Jessua en 1973 et dans la bande dessinée *Jeremiah - Un cobaye pour l'éternité* d'Hermann (Tome 5, Hachette, 1981).

56. Laurent Alexandre in *Le Monde, science et techno*, avril 2012.

57. Yuval Harari, *Homo Deus, op. cit.*, p. 373.

58. Yuval Harari, *Sapiens, op. cit.*, p. 484-485.

59. Laurent Alexandre, *La Guerre des intelligences*, JC Lattès, 2017, p. 189.

60. *Ibid.*, p. 199.

61. *Ibid.*, p. 193.

62. Christophe Victor, *Le Monde qui vient, op. cit.*, p. 273.

63. Julien Nocetti, *Intelligence artificielle et politique internationale, op. cit.*, p. 9.

64. Entretien avec l'auteur, 1er octobre 2020.

65. Entretien avec l'auteur, 7 octobre 2020.

66. Gaspard Koenig, *La Fin de l'individu, op. cit.*, p. 17.

67. Gilles Babinet, *Big Data, penser l'homme et le monde autrement*, Le Passeur, 2016, p. 244.

68. Signé en 1648, le traité de Westphalie met fin à la guerre de Trente Ans qui a déchiré l'Europe. Il proclame le principe de la souveraineté des États, qui n'ont pas de puissance qui leur soit supérieure (fût-ce le Pape ou l'empereur du Saint-Empire germanique).

69. Pour Karl Marx, l'État capitaliste meurt subitement après la révolution qui met en place le socialisme. L'État socialiste, lui, meurt lentement et progressivement pour laisser la place au communisme.

70. Bloomberg, octobre 2020.

71. Eric Schmidt, Jared Cohen, *The New Digital Age*, John Murray, 2013, p.101.

72. *Ibid.*

73. *Ibid.*, p.102.

74. *Challenges*, 5 septembre 2019.

75. Grands dirigeants d'industrie ayant bâti des empires de façon souvent brutale, faisant prévaloir leur intérêt personnel sur celui de la société, dirigeant leurs entreprises de façon rarement respectueuse du droit en général et de ceux des travailleurs en particulier, et qui par la suite ont créé des fondations charitables tels que Carnegie, Rockefeller, Vanderbilt.

76. Nikos Smyrnaios, « L'Effet Gafam : stratégie et logique de l'oligopole de l'Internet », *Communication et langage*, 2016, 2, n° 188.

77. *Ibid.*

78. Sur ce point, *cf.* Jean-Pierre Chevènement, *Qui veut risquer sa vie la sauvera*, Robert Laffont, 2020.

79. Christophe Victor, *Le monde qui vient, op. cit.*, p. 226.

80. Martine Orange, « Apple : la justice met en miettes la stratégie européenne contre les intaxables », *Mediapart*, 17 juillet 2020.

81. Cité par Nikos Smyrnaios, « L'Effet Gafam », *op. cit.*

82. *La Croix*, 13 octobre 2020.

83. Christophe Victor, *Le monde qui vient, op. cit.*, p. 76.

84. Cité par Nikos Smyrnaios, « L'Effet Gafam », *op. cit.*

85. Un vif débat s'est engagé lors du second confinement décrété fin octobre 2020 sur la pertinence de fermer les librairies au moment même où les gens ont plus de temps pour la lecture, laissant ainsi un boulevard à Amazon. La société de grande distribution Intermarché surfait sur la mauvaise image d'Amazon pour lancer une vaste campagne publicitaire faite

de pages entières dans les journaux : « Désolé Amazon » pour soutenir son service « Drive solidaire ».

86. *Le Parisien*, 10 avril 2020.

87. *Le Monde*, 21 avril 2020.

88. François Saltiel, *La Société du sans contact, op. cit.*, p. 95.

89. Alain Minc, *Une humble cavalcade..., op. cit.*, p. 52.

90. Paul-Adrien Hyppolite, Antoine Michon, *Les Géants du numérique* (1), Fondapol, novembre 2018, p. 21.

91. *Le Parisien*, 16 août 2019.

92. *Challenges*, 27 août 2020.

93. Cité par Géraldine Delacroix, « Google, Facebook, Uber : la fin du laisser-faire », *Mediapart*, 16 septembre 2019.

94. Cité par Joëlle Toledano, *GAFA, reprenons le pouvoir, op. cit.*, p. 52.

95. *La Croix*, 8 octobre 2020.

96. *New York Times*, 9 décembre 2020.

97. *New York Times*, 21 octobre 2020.

98. Entretien avec l'auteur, 7 octobre 2020.

99. Entretien avec l'auteur, 29 septembre 2020.

100. Pour Joëlle Toledano, *GAFA, reprenons le pouvoir, op. cit.*, p. 105 : « Selon une enquête de 2019 du Pew Research Center, il n'y a plus que 50 % des Américains pour estimer que les entreprises technologiques ont un impact positif sur les États-Unis. Quatre ans auparavant, ils étaient 71 %. Une majorité d'Américains jugent que ces entreprises ont trop de pouvoir et d'influence. »

101. Cité par Joëlle Toledano, *GAFA : Reprenons le pouvoir, op. cit.*, p. 74.

102. *Ibid.*, p. 85.

103. Laurent Alexandre, *La Guerre des intelligences, op. cit.*, p. 301.

104. Stéphane Grumbach, Stéphane Frénot, « Les données, puissance du futur », *Le Monde*, 7 janvier 2013.

105. Gilles Babinet, *Big Data, Penser l'homme et le monde, op. cit.*, p. 219.

106. Il y a eu parfois quelques abus de nomination pour « services rendus », mais la plupart du temps, ce sont des fonctions bien réelles et sur des sujets importants, des droits de l'homme jusqu'au sport.

107. Gaspard Koenig, *La Fin de l'individu, op. cit.*, p. 230.

108. *Ibid.*

109. *Le Monde*, 18 février 2020.

110. *Le Monde*, mars 2018.

111. CNBC, mars 2020.

112. Pascal Boniface, blog *Comprendre le monde*, « "La société du sans contact – Selfie d'un monde en chute" – 3 questions à François Saltiel », 26 novembre 2020.

113. Cité par François Saltiel, *La Société du sans contact, op. cit.*, p. 183.

114. « L'homme non élu le plus puissant d'Amérique », *New York Times*, 3 septembre 2020.

115. Entretien avec l'auteur, 7 octobre 2020.

116. Pierre Bellanger, *La Souveraineté numérique*, Stock, 2014, p. 54.

117. *Ibid.*, p. 58.

118. Cité par François Saltiel, *La Société du sans contact, op. cit.*, p. 57.

119. Pierre Bellanger, *La Souveraineté numérique, op. cit.*, p. 104.

120. Roger McNamee, *Facebook, la catastrophe annoncée*, Quanto, 2019.

121. Cité par Géraldine Delacroix *in* « Google, Facebook, Uber : la fin du laisser-faire », *Mediapart*, 16 septembre 2019.

122. Cité par Pierre Bellanger, *La Souveraineté numérique*, *op. cit.*, p. 103.

123. François Saltiel, *La Société du sans contact*, *op. cit.*, p. 62.

124. Eric Schmidt, Jared Cohen, *The New Digital Age*, *op. cit.*, p. 3.

125. *Ibid.*, p. 7.

126. Marc Dugain, Christophe Labbé, *L'Homme nu, la dictature invisible du numérique*, Plon, 2016, p. 7.

127. Livre blanc de la Commission européenne, *Intelligence artificielle. Une approche européenne axée sur l'excellence et la confiance*, février 2020, p. 12-13.

128. *L'Opinion*, 13 octobre 2020.

129. Christophe Victor, *Le monde qui vient*, *op. cit.*, p. 92.

130. Un tel scénario est mis en scène dans la série *Black Mirror* (épisode 4 saison 4, « Hang The DJ »). Cette série britannique particulièrement réussie décrit de façon saisissante et effrayante les dérives d'une société dominée par les effets glaçants de la révolution numérique.

131. Marc Dugain, Christophe Labbé, *L'Homme nu, op. cit.*, p. 8.

132. Sylvain Louvet, « Tous surveillés. 7 milliards de suspects », Arte, 21 avril 2020.

133. *Ibid.*

134. Andreï Gratchev, *Gorbatchev, le pari perdu*, Armand Colin, 2011.

135. Sur les soulèvements et les mouvements de protestation, *cf.* Alain Bertho, *Time over? Le temps des soulèvements,* éditions du Croquant, 2020.

136. Marie-Cécile Naves, *La Démocratie féministe,* Calmann-Lévy, 2020, p. 179.

137. Messages postés par Gilles Babinet sur son compte Twitter le 14 octobre 2020.

138. *The Economist*, 24 janvier 2020.

139. « Souveraineté numérique, la douche froide », juillet 2020.

140. Dans ses mémoires, *Une terre promise*, Fayard, 2020, p. 179, Barack Obama écrit à propos de sa campagne de 2008 : « Ce qui m'a le plus frappé, c'est le rôle de plus en plus important que jouaient les technologies dans nos victoires (...) ce dont je ne pouvais encore prendre la mesure, c'est l'immense souplesse qu'offre cette technologie (...) La facilité avec laquelle elle pouvait être utilisée non pas pour unir les gens mais pour les égarer et les diviser et la façon dont, un jour, ces mêmes outils qui m'avaient permis d'entrer à la Maison-Blanche seraient instrumentalisés à l'encontre de toutes les valeurs que je défendais. »

141. *New York Times*, 7 août 2018.

142. Zbigniew Brzezinski, « The Global Political Awakening », *New York Times*, 16th December 2008.

143. *Cf.* pages 131-132.

144. Réseau privé virtuel (Virtual Private Network) qui permet de modifier la localisation d'un ordinateur, et permet ainsi de se connecter sur des sites étrangers interdits dans certains pays.

145. Christophe Victor, *Le monde qui vient, op. cit.,* p. 207.

146. François Saltiel, *La Société du sans contact, op. cit.,* p. 69.

147. Cité par Gaspard Koenig, *La Fin de l'individu, op. cit.,* p. 266.

148. Entretien avec l'auteur, 29 septembre 2020.

149. *New York Times*, 3 septembre 2020.

150. Christophe Victor, *Le monde qui vient, op. cit.,* p. 302.

151. William Davies, « WhatsApp en fauteur de troubles ? », *The Guardian*, publié dans *Courrier international* du 20 août 2020.

152. Marie David, Cédric Sauviat, *Intelligence artificielle : la nouvelle barbarie,* Le Rocher, 2019, p. 141. Ils insistent page 297 : « L'impératif de transparence et l'auditabilité ne sont pas une priorité actuelle de la recherche en intelligence artificielle et d'ailleurs ne l'a jamais été. C'est l'efficacité qui compte et non pas l'exigence de transparence. »

153. Benoît Hamon a eu le mérite d'évoquer la fin du travail et l'établissement d'un revenu universel. Cela ne lui a guère porté chance. Emmanuel Macron a déclaré « nous définirons une stratégie pour l'intelligence artificielle dont le développement va avoir de profonds impacts sur une série de secteurs ». C'est tout et c'est peu.

154. Selon le budget voté par le Congrès américain en décembre 2019.

155. Nicolas Miailhe, « Géopolitique de l'intelligence artificielle », in *Politique étrangère*, automne 2018.

156. Kai-Fu Lee, *I.A, la plus grande mutation de l'histoire, op. cit.*

157. Marie David, Cédric Sauviat, dans *Intelligence artificielle, op. cit.,* p. 127, parlent d'une « erreur d'appréciation des ingénieurs de DeepMind concernant le jeu de Go, qui sans le vouloir allaient poser une blessure narcissique au seul

pays asiatique qui ait la puissance de feu – militaire, politique, technologique – pour répliquer ».

158. *The Economist*, 17 mars 2018.

159. *Ibid.*

160. André Gattolin, Claude Kern, Cyril Pellevat et Pierre Ouzoulias, Rapport d'information du Sénat fait au nom de la commission des affaires européennes sur la stratégie européenne pour l'intelligence artificielle, janvier 2019, p. 15. http://www.senat.fr/rap/r18-279/r18-2791.pdf.

161. *Ibid.*, p. 13.

162. Entretien avec Kara Swisher, 15 février 2015.

163. Marc Dugain, Christophe Labbe, *L'Homme nu, op. cit.*, p. 93.

164. *New York Times*, 9 mai 2018.

165. Pierre Bellanger, *La Souveraineté numérique, op. cit.*

166. Frédéric Lemaitre, « Les magnats de la tech chinoise sous surveillance étatique », *Le Monde*, 30 novembre 2020.

167. Cité par Kai Strittmatter, *Dictature 2.0*, Tallandier, 2020, p. 212.

168. *The Economist*, 17 mars 2018.

169. Charles Thibout, « La voie technologique du conflit sino-américain », *RIS* n° 120, décembre 2020.

170. *Ibid.*

171. Kai-Fu Lee, *IA, la plus grande mutation de l'histoire, op. cit.*, p. 34.

172. Julien Nocetti, *Intelligence artificielle et politique internationale, op. cit.*, p. 18.

173. Cité dans Adam Segal, « When China Rules the Web », *Foreign Affairs*, septembre-octobre 2018.

174. Gaspar Koenig, *La Fin de l'individu, op. cit.*, p. 255.

175. *New York Times*, 7 août 2018.

176. *L'Opinion*, 25 juin 2020.

177. *New York Times*, 8 mars 2018.

178. *L'Opinion*, 3 novembre 2020.

179. Gaspard Koenig, *La Fin de l'individu, op. cit.,* p. 261.

180. *New York Times*, 26 juillet 2018.

181. Cela revient à transformer la loi américaine en loi internationale et donc à bafouer la souveraineté des autres États et le droit international. Paradoxe de la situation : les États-Unis rechignent à se voir appliquer le droit international, mais sont prompts à internationaliser les effets de leur droit national.

182. *The Economist*, 23 mai 2020

183. *New York Times*, 15 juillet 2020.

184. *Ibid.*

185. *The Economist*, 23 mai 2020.

186. Pierre Haski, chronique « Géopolitique » de France Inter, 20 mai 2020.

187. *The Economist*, 23 mai 2020.

188. Evgeny Morozov, « Bataille géopolitique autour de la 5G », *Le Monde diplomatique*, octobre 2020.

189. *New York Times*, 3 août 2020.

190. *Ibidem.*

191. *New York Times*, 4 août 2008.

192. Erin Griffith, David McCabe, « 'There's No There There': What the TikTok Deal Achieved », *New York Times*, septembre 2020.

193. Julien Nocetti, *Intelligence artificielle et politique internationale, op. cit.*, p. 19.

194. *Shérif 2020*, annuaire de la fondation Prospective et Innovation, *op. cit.*, p. 70.

195. « The China Strategy America Needs », *The Economist*, 1er novembre 2020.

196. Créatrice d'AlphaGo.

197. Rapport d'information du Sénat, *op. cit.*

198. *Ibid.*, p. 13.

199. « C'est une boîte de Smarties le marché français, ça ne représente rien par rapport à leur gestion d'actifs (...) arrêtons de croire que nous sommes au centre du monde », déclarait Mme Pannier-Runacher sur BFMTV le 2 janvier 2020.

200. Entretien avec l'auteur, 29 septembre 2020.

201. Laurent Alexandre, *La Guerre des intelligences, op. cit.*, p. 42.

202. Rapport Villani, *op. cit.*, p. 25.

203. Entretien avec l'auteur, 29 septembre 2020.

204. Isabelle Szczepanski, « Électron libre info », 17 février 2015.

205. *Ibid.*

206. *Le Point*, 15 novembre 2020.

207. Livre blanc de la Commission européenne, *op. cit.*, p. 4.

208. Livre blanc de la Commission européenne, *op. cit.*, p. 6.

209. CNIL, carte ci-après.

210. Digital Guide IONOS, 20 août 2020.

211. *Le Monde*, 16 juillet 2020.

212. https ://www.cnil.fr/fr/la-protection-des-donnees-dans-le-monde

213. *Shérif 2020*, annuaire de la fondation Prospective et Innovation, *op. cit.*, p. 75.

214. Entretien avec l'auteur, 7 octobre 2020.

215. Entretien avec l'auteur, 10 novembre 2020.

216. 28 août 2020, Bordeaux.

217. Podcast *Comprendre le monde*, de Pascal Boniface, avec Cédric Villani : « Géopolitique de l'intelligence artificielle », 2 décembre 2020.

218. Marie David, Cédric Sauviat, *Intelligence artificielle, op. cit.,* p. 113.

219. Pascal Boniface, *Requiem pour le monde occidental, op. cit.*

220. Thierry de Montbrial, « L'Europe dans le monde, pour une refondation modeste et efficace », IFRI, décembre 2020

221. Podcast *Comprendre le monde*, de Pascal Boniface, avec Cédric Villani : « Géopolitique de l'intelligence artificielle », 2 décembre 2020.

222. Entretien avec l'auteur, 24 novembre 2020.

223. *Revue stratégique de défense et de sécurité nationale*, octobre 2017, p. 74.

224. *Business Wire*, 24 septembre 2020.

225. *Idem.*

226. Sur ces 660 start-up, 371 ont été créées entre 2015 et 2018 contre seulement 71 entre 2007 et 2010.

227. https://www.bpifrance.fr/A-la-une/Actualites/Les-start-up-francaises-de-l-intelligence-artificielle-se-multiplient-47611

228. *Les Échos*, 6 novembre 2018.

229. Site de Microsoft.

230. Ces chiffres correspondent à la déclinaison des 650 millions d'euros consacrés par le gouvernement à la recherche en IA, auxquels pourraient s'ajouter, selon le

gouvernement, des investissements privés, portant l'enveloppe totale pour la Recherche à 1 milliard d'euros.

231. « La France dévoile son plan de recherche en intelligence artificielle », *Le Figaro*, 28 novembre 2018.

232. Rapport Villani, *op. cit.,* p. 74.

233. Podcast *Comprendre le monde*, de Pascal Boniface, avec Cédric Villani : « Géopolitique de l'intelligence artificielle », 2 décembre 2020.

234. La stratégie nationale de recherche en intelligence artificielle, ministère de l'Enseignement supérieur, de la Recherche et de l'Innovation.

235. Entretien avec l'auteur, 10 novembre 2020.

236. Cité dans Marine Guillaume et Benjamin Pajot, *La guerre de l'intelligence artificielle aura-t-elle lieu ?, op. cit.*

237. Rapport Villani, *op. cit.,* p. 12.

238. Conférence « L'intelligence artificielle au service des entreprises » de juillet 2019 ayant pour objet la présentation du volet économique de la stratégie française d'intelligence artificielle, en présence de Bruno Le Maire, ministre de l'Économie, et de Cédric O, secrétaire d'État chargé du Numérique.

239. Sur initiative étatique, le projet Andromède de « *cloud* souverain » avait été lancé en 2012 sous Nicolas Sarkozy, avec 150 millions d'euros sur la table. Deux *clouds* concurrents avaient été lancés : le « Cloudwatt » par Orange et Thalès contre SFR et Bull avec « Numergy ». Ils s'étaient partagé les fonds. La division et l'existence de deux projets concurrents n'ont pas permis le développement d'un *cloud* durable et Orange et SFR s'étaient, dans chacun des projets, emparés des parts étatiques. Les deux projets se sont peu à peu effondrés et n'ont jamais fait le poids sur le marché français face à Amazon ou Microsoft.

240. « La France cherche son "*cloud* de confiance" », *Les Échos*, 14 octobre 2019.

241. « En France, une collecte "unique au monde" des données de santé », *Les Échos*, 13 novembre 2019.

242. Les données de santé britanniques du NHS ont à plusieurs reprises été vendues à des laboratoires américains ou aux GAFAM, provoquant de véritables tollés outre-Manche. Informations révélées en novembre 2019 par le *Financial Times*. La France fait de son côté preuve de beaucoup plus de transparence en publiant les entreprises certifiées et agréées à héberger des données de santé.

243. Rapport Villani, *op. cit.,* p. 125.

244. François Saltiel, *La Société du sans contact, op. cit.*, p. 53.

Imprimé en Allemagne par BoD

Dépôt légal : Janvier 2021